高职英语教育与教学创新研究

欧阳岑姝　尹海燕　牛丽娜◎著

中国商务出版社

·北京·

图书在版编目（ＣＩＰ）数据

高职英语教育与教学创新研究 ／ 欧阳岑姝，尹海燕，牛丽娜著． —— 北京 ： 中国商务出版社，2024.5.

ISBN 978-7-5103-5176-1

Ⅰ．H319.3

中国国家版本馆 CIP 数据核字第 20247U7R60 号

高职英语教育与教学创新研究

GAOZHI YINGYU JIAOYU YU JIAOXUE CHUANGXIN YANJIU

欧阳岑姝　尹海燕　牛丽娜　著

出版发行：中国商务出版社有限公司

地　　址：北京市东城区安定门外大街东后巷 28 号　　邮编：100710

网　　址：http://www.cctpress.com

联系电话：010-64515150（发行部）　　010-64212247（总编室）
　　　　　010-64283818（事业部）　　010-64248236（印制部）

责任编辑：刘姝辰

印　　刷：北京四海锦诚印刷技术有限公司

开　　本：710 毫米×1000 毫米　1/16

印　　张：13　　　　　　　　字　　数：232 千字

版　　次：2024 年 5 月第 1 版　　印　　次：2024 年 5 月第 1 次印刷

书　　号：ISBN 978-7-5103-5176-1

定　　价：60.00 元

前　言

　　高职作为高等教育的一个类型，主要培养生产、建设、管理、服务第一线需要的高等技术应用型人才。这就要求高等课程体系的建立要以市场需求为导向、以能力应用为主旨，在分析岗位能力要求的基础上，准确、合理地定位教学培养目标。目前，各高职院校在专业培养目标上已逐步形成特色，其专业课程的设置与安排逐步趋于规范化，但高职院校的英语教学要达到什么水平、课程怎么安排、如何为专业技能人才培养服务，尤其是如何准确定位英语教学培养目标，是当前高职院校英语教师普遍关注的问题。而在现实教学过程中，有的院校还是照搬专科甚至本科的计划，或沿用中专教学计划和目标，缺乏系统性、科学性和针对性，与高职人才培养目标有较大的差距。对此，高职英语教学的深入改革与创新势在必行，英语教学有必要在转变教学思想、革新教学模式、创新教学策略、优化教学评估的基础上，寻求更大的进步与发展。本书正是为顺应这一要求而写作的。

　　本书是高职英语教育方向的书籍，主要研究高职英语教育与教学创新。本书从高职英语教学概论介绍入手，针对高职英语教学的专业建设与课程设置、高职英语文化教学、信息化时代高职英语教学进行了分析研究；另外对高职英语教学模式改革做了一定的介绍；还对高职英语阅读与写作教学创新、高职英语教学评价与教师专业发展的创新提出了一些建议，探索科学合理的教师能力培养路径。在实践经验的基础上进行方法论探究，从而建立科学的理论体系，找到行之有效的教学方法，对高职英语教育与教学创新有一定的借鉴意义。

　　在本书写作的过程中，参考了许多参考资料以及其他学者的相关研究成果，在此表示衷心的感谢。鉴于时间较为仓促，水平有限，书中难免出现一些谬误之处，恳请广大读者、专家学者能够予以谅解并及时进行指正，以便后续对本书做进一步的修改与完善。

目　录

第一章 高职英语教学概论

第一节 高职教育概论

一、职业教育的定位与目标

我国职业教育和高等职业教育的地位和发展目标，是通过 2019 年 1 月发布的《国家职业教育改革实施方案》（以下简称《方案》）进行规划的，《方案》是新时代中国职业教育改革发展的重要文献。《方案》对职业教育和普通教育两种教育类型之间的关系进行了明确，指出职业教育和普通教育是两种不同的教育类型，并且两者的地位同等重要。随着我国改革开放政策的全面实施，经济社会发展对人才的需求大大增加，职业教育为我国经济社会发展提供了有力的人才和智力支撑。在国家现代化建设的背景下，逐步全面建成现代职业教育体系框架，使得服务经济社会发展能力和社会吸引力不断增强。因此，我国的职业教育具备了基本实现现代化的诸多有利条件和良好工作基础。

国家职业技术教育改革要求我们坚持以习近平新时代中国特色社会主义思想为指导，明确职业教育的重要位置，即职业教育在教育改革创新和经济社会发展中，应该处于更加突出的位置。这就要求我国职业教育要牢固树立新发展理念，对接科技发展趋势和市场需求，同时还要为建设现代化经济体系服务，培养出更加高质量的职业技术人才。要想培养出能面向市场需求，并且能够肩负现代化建设重任的高质量人才，就要不断完善我国的职业教育和培训体系，对学校、专业的布局进行优化，改革办学体制和育人机制。除此之外，还要鼓励和支持社会各界特别是企业积极支持职业教育，从而推进高素质劳动者和技能人才的培养。在未来的 5~10 年间，职业教育应该逐渐完成以下三个方面的转变：第一，由以政府举办为主逐渐转变为政府统筹管理、社会多元办学的格局；第二，由参照普通教育办学模式逐渐转变为企业社会参与、专业特色鲜明的类型教育；第三，由追

1

求规模扩张逐渐转变为提高质量。经过以上转变，将大大提升新时代职业教育现代化水平，不仅如此，职业教育的转变一方面能够为促进经济社会发展提供各方面高质量人才，另一方面也大大有利于提高国家在人才上的竞争力。

二、高等职业教育的时代使命

随着全球化的深入，我国的经济社会得到了突飞猛进的发展，在这样的背景下，我国的经济发展进入了一个新常态，与此同时，中国特色社会主义进入了新时代，在这个新时代，高质量发展成为主旋律。面对新时代的到来，"一带一路"的建设、"中国制造 2025"的实施、"工匠精神"的弘扬等无一不对人才的质量提出了新的要求。

现代化发展实际上是指人的现代化。而人的现代化的实现离不开学校教育，其中高等职业教育更是面向人人、面向全社会的教育，因此可以说，开启通往现代化的钥匙就是教育。随着社会经济的发展，我国职业教育的发展也进入了新的阶段，教育发展的规模增长阶段已经成为过去，随之而来的是教育高质量发展的阶段。面对这一客观背景，我国职业教育要想适应教育发展的潮流，实现培养高质量人才的目标，就要积极将自身教育的短板补齐，提高职业教育的质量。在职业教育现代化发展过程中，一直存在职业教育发展不平衡、不充分的矛盾，因此促进职业教育的内涵发展，满足社会发展对职业教育的需要，不断克服职业教育现代化发展中的矛盾，已然成为新时代职业教育现代化的重要内涵。

中共中央、国务院印发的《中国教育现代化 2035》明确提出，要加快发展现代职业教育，不断优化职业教育结构与布局；要推动职业教育与产业发展有机衔接、深度融合，集中力量建成一批有中国特色的高水平职业院校和专业。《中国教育现代化 2035》提出了推进教育现代化的十大战略任务，包括各级教育高水平高质量普及、实现基本公共教育服务均等化、构建服务全民的终身学习体系等，其中高等职业教育已成了关注的重点。要健全职业教育人才培养质量标准，制定紧跟时代发展的多样化高等教育人才培养质量标准；强化职业学校的继续教育与社会培训服务功能，开展多类型、多形式的职工继续教育；加快发展现代职业教育，不断优化职业教育结构与布局；推动职业教育与产业发展有机衔接、深度融合。

国务院办公厅《关于深化产教融合的若干意见》提出，将产教融合作为促进经济社会协调发展的重要举措，融入经济转型升级各环节，贯穿人才开发全过程，形成政府企业学校行业社会协同推进的工作格局；面向产业和区域发展需求，完善教育资源布局，加快人才培养结构调整，创新教育组织形态，促进教育和产业联动发展；支持引导企业深度参与职业学校、高等学校教育教学改革，多种方式参与学校专业规划、教材开发、教学设计、课程设置、实习实训，促进企业需求融入人才培养环节；鼓励企业依托或联合职业学校、高等学校设立产业学院和企业工作室、实验室、创新基地、实践基地；鼓励职业学校、高等学校引进海外高层次人才和优质教育资源，开发符合国情、国际开放的校企合作培养人才和协同创新模式；探索构建应用技术教育创新国际合作网络，推动一批中外院校和企业结对联合培养国际化应用型人才；鼓励职业教育、高等教育参与配合"一带一路"建设和国际产能合作。

《国家职业教育改革实施方案》提出，要建立健全学校设置、师资队伍、教学教材、信息化建设、安全设施等办学标准，引领职业教育服务发展、促进就业创业；落实好立德树人根本任务，健全德技并修、工学结合的育人机制，完善评价机制，规范人才培养全过程；深化产教融合、校企合作、育训结合，健全多元化办学格局，推动企业深度参与协同育人，扶持鼓励企业和社会力量参与举办各类职业教育；职业院校应当根据自身特点和人才培养需要，主动与具备条件的企业在人才培养、技术创新、就业创业、社会服务、文化传承等方面开展合作。学校积极为企业提供所需的课程、师资等资源，企业应当依法履行实施职业教育的义务，利用资本、技术、知识、设施、设备和管理等要素参与校企合作，促进人力资源开发；启动实施中国特色高水平高等职业学校和专业建设计划，建设一批引领改革、支撑发展、中国特色、世界水平的高等职业学校和骨干专业（群）。

从以上国家颁布的一系列政策文件中可以看出，近年来，国家高度重视职业教育。这是因为，作为高等教育的重要组成部分，高等职业教育为国家经济建设和社会发展输送了大批的高素质技术人才，可以说在国民教育体系中发挥着非常重要的作用。为顺应中国特色社会主义新时代的发展要求，高职教育应根据国家经济社会的发展，不断调整更新教学理念、转变教学方式、深化教学改革，使高职教育与行业企业需求深度融合，从而为国家培养更多的高质量实用型人才。

三、高职学生特点

随着高职院校的扩招、民办本科的转型，高职院校的录取分数线跟原来相比不断降低，高职生源的文化基础也有不断下降的趋势。因此，高职院校的学生具有其自身的特点。只有充分了解高职学生的特点，因材施教，采取与之相适应的针对性的教育教学方法，才能实现高职人才培养的目标，从而培养出一大批国家建设需要的高素质技术技能人才。

（一）生源特点

高职院校的学生生源主要包括中职学生、普通高中生和社招学生。中职学生是对来自普通中专、职业高中和技工学校的学生的统称。中职学生的升学途径分为以下三类："3+3"转段培养、对口单招和职业技能竞赛免试升学。"3+3"转段培养是指学生在中职学校学习三年，考核合格毕业后直接到对口合作高职院校学习三年；对口单招是指中职毕业生通过全省的对口单招文化考试和技能测试后，进入高职院校学习三年，大多数中职学生通过该渠道升入省内的高职院校；职业技能竞赛免试升学是指中职学生参加职业技能竞赛并获得一定等级奖项就可以免试进入高职院校。

高职院校的另一部分生源来自普通高中，主要通过高考统招、提前招生和注册入学进入高职院校。通过高考录取的这部分考生，成绩没有达到一般本科的入学分数线，文化基础相对较差。因为生源数量逐年下降，近年来高职院校的招生门槛一降再降。通过高考统招入学的学生，有些原本计划上本科，但是由于高考失利而只能上高职院校。他们中的大多数因此心里充满挫败感，容易产生自暴自弃的想法，因而学习干劲不足；通过高职院校提前招生录取的学生，由于招生数量扩大、考试难度降低，生源质量也有逐年下降的趋势。因此，通过这种方式录取的学生，学习基础与高考录取学生相比，相对较差；通过注册入学的学生，大多数在入校前学习成绩就较差，一般无法通过高考或提前招生进入高职院校学习，所以这部分学生往往无心学习，只是由于年龄较小，不想过早进入社会，所以选择注册入学进入高职院校学习，这些学生进入高职院校只是为了得到毕业证书，争取一个就业机会。

（二）学习特点

教育的目的是为国家和社会发展提供高质量的技术、技能人才，教育是对人的教育。因此，教育的改革是面向学生的改革，教育改革的实行首先要对学生的特点进行深入研究。由此可见，教育改革的重点是了解并分析高职院校学生的生源特点、学习特点、心智特点，以及学习心理特征等，不仅如此，还要根据这些特征对教学中的教学策略进行合理运用。相较于普通高等教育来说，高职院校的学生一方面文化基础比较薄弱；另一方面，大部分高职院校的学生在高中或中等职业教育时期并没有养成良好的学习习惯，从而使得他们对理论知识的学习和吸收存在困难。高职院校的学生在高中或者中等职业教育阶段，成绩相对落后，因此难免产生自卑心理，这大大影响了其与教师互动交流的积极性。还有一部分高职院校的学生当初在选择专业的时候，是由其父母一手操办的，存在盲目选择的情况，因此他们的学习兴趣不浓、目标不明确、学习动力也不足。尽管高职院校的学生在理论知识学习上处于弱势，但是不得不说，在动手操作能力方面，高职院校的学生还是比较具有优势的，他们大部分都乐于参加各种实践活动。总而言之，我们可以将高职院校学生的学习特点归纳如下：

1. 模仿动手操作能力较强

高等职业教育院校的学生大部分拥有较强的模仿能力，擅长眼看和手做等动手型操作，因此在学习方式上更加倾向于操作型和直观型。事实上，相较于普通高等院校的学生，高职院校的学生学习基础稍微薄弱，思维分析能力与信息提取能力不强。尽管他们的抽象思维能力比较弱，但是他们的形象思维却很强，这使得他们普遍缺乏对理论知识学习的动力。具体来讲，这是因为理论知识一般都比较抽象，教师在进行课堂教学的时候往往比较枯燥，缺乏新意，从而使得学生很难提起学习的兴趣。除此之外，一部分学生缺乏自我约束和管理能力，再加上没有科学的学习方法，从而缺乏学习动力，甚至产生厌学心理。

2. 良好学习习惯尚未养成

高职院校的学生如果之前没有养成良好的学习习惯和较强的学习耐力，那么到了高职院校，面对更多的自由支配时间以及较小的学习压力等情况，他们大部分人在课后的闲暇时间里都不能进行主动学习。在英语学习方面，高职院校的大部分学生普遍表现为单词量有限，并且在听力、口语、阅读、写作等方面也缺少相关知识的积累。而实际上，英语的学习需要经历一个漫长的过程，在长时间的量的积累下，才能有质的转变，使学生的英语水平得到提高。

3. 未能掌握良好的学习方法

大部分高职院校的学生没有形成良好的学习习惯，也没有找到适合自己的学习方法。这就导致了他们进入高职院校后，在学习上常常没有明显的进步。在英语学习方面也是如此，大部分高职学生在中学阶段没有掌握科学的学习方法，词汇量严重不足，对于单词的记忆也普遍是死记硬背，这严重制约了学生在听、说、读、写方面的进步，使得学生在英语学习中看不到希望，从而缺乏学习英语的信心。

（三）心智特点

高职学生整体存在学习动力不足的问题，不少学生认为学不学或学得好坏并不重要，只要能毕业就可以；有些学生沉迷于网络游戏，经常逃课；有些学生即使来上课，也常常用手机玩游戏、看小说、聊微信等；有些学生上课睡觉、课后逃避学习，对待作业的态度十分随意；有些学生通过抄袭应付考试，甚至放弃考试，以补考、重修作为弥补方式。这些学习上的表现都与他们的心智特点有关。

高职学生普遍对自己要求不高，在心智方面呈现出以下四个特点：

1. 学习动机不够强

因为生源数量逐年下降，高职院校的招生门槛不断降低，导致生源质量普遍较低且参差不齐。有些学生填报专业时比较盲目，缺乏对自己的了解，也缺乏对选学专业的了解，只是一味地听从教师、家长的建议，进入学校后才发现自己并不喜欢所选专业，因而无法对专业学习产生兴趣，从而导致学习进入恶性循环。也有些学生在入校前学习成绩就较差，无心学习，进入高职院校只是为了得到毕业证书，他们认为不投入学习也不影响毕业和工作，因此没有学习的动机。

2. 学习目标不明确

大部分高职学生没有建立起面向未来的职业规划和人生规划。他们往往并不知道未来毕业后的工作去向，也不清晰自身今后的职业需求和发展方向，因此往往缺乏明确的学习目标和学习规划，加上原来学习基础薄弱，很多学生处于得过且过的状态，学习状态和学习效果也就可想而知。

3. 学习信心不够足

高职院校中，少数同学英语基础相对较好，平时课堂表现比较积极，考试成绩也较为理想，因此往往便会过高地估计自身的学习能力和英语水平，但在参加国家级英语考试等各类英语等级考试落败后，又会妄自菲薄。而另一部分基础较差的学生一般比较自卑，往往对英语学习充满恐惧。很多人认为自己英语基础太差，再怎么努力也学不好，因而学习从不积极，也不愿报考任何级别的考试。对他们来说，只要英语期末考试能通过，能够最终拿到毕业证就算完成学习任务了。这些都是高职学生学习信心不足、抗挫能力弱的表现。

4. 自控能力比较弱

高职学生在高中阶段学习基础往往不扎实，长期处于学习成绩不佳的状态，缺乏成功的情感体验，缺乏教师、家长等对自己的认可，因此容易失去学习的主动性，甚至开始产生厌学心理。而高职院校的生活相对高中学习生活更加自由，受家长、教师的管理、约束比较少。在这一宽松的环境下，很多学生缺乏自控能力，沉迷于各种娱乐活动、网络游戏中而无法自拔，颠倒作息时间，甚至开始自暴自弃。这些都是高职学生自控能力弱的表现和不良后果。

四、高职英语教育内涵

语言教育的实质意义，不仅仅是进行语言的教授，还包括根据一定的教育学基本原理及相关知识和社会实践经验，施教者对受教者进行的全面、全程、全人教育。因此，教育相比教学，不仅包括知识的传授，还包括全方面育人。关于教学与教育，早在 1981 年，我国著名的外语教育家许国璋教授就曾提出将"英语教学"改称为"英语教育"。因为相比"英语教学"，"英语教育"拥有更加丰富的内涵，也更加注重英语专业应用型和复合型人才的培养。具体来讲，"英语教育"除了涵盖传授知识和技能之外，还包括培养学生的跨文化理解能力，并且不断对学生的素养进行熏陶，帮助他们塑造优良的品格，养成良好的行为习惯。因此，可以看出，"英语教育"旨在使学生无论是在德行方面，还是在专业技能方面，都能适应社会需要。另外，从理论基础和学科之间的关系来看，英语教育与教育学、语言学中的诸多二级学科有着密切的联系。但是，英语教育也是一个跨学科的专业领域，它有着自己内在的、普遍的、必然的联系，具有自身的学科规律性，也正是这种规律性，让英语教学与其他学科能够在本质上相区分。

无论是英语还是其他语言，其基本特征都是"人文性"和"工具性"。其中，在职业教育领域中表现更加明显的是"工具性"。具体来讲，在高等职业教育中，职业性和技能型是重点强调的两个部分，这是由高等职业教育立足职业现实、服务学生就业，以及促进学生发展所决定的。事实上，"工具性"和"人文性"是密不可分的，高等职业教育在突出"工具性"的时候必须在注重"人文性"的基础上，注重对学生职业能力的培养，提升学生的综合素质，促使学生的能力与职场需求接轨，从而提高学生就业的竞争力。

第二节　高职英语教学理论基础与教学基本原则

一、高职英语教学理论基础

面对经济社会发展和高职教学改革不断深入提出的新挑战以及素质教育的全面推进，作为高职英语教师，必须熟知基本的外语教学理论，并充分利用好相关的教学理论，对高职英语的教与学进行更深入的研究，从而推动高职英语教学改革的不断深化和教学质量的不断提高。下面将主要介绍在高职英语教学改革中应用比较广泛的一些英语教学基础理论。

(一) 认知语言学理论[①]

认知语言学理论实际上是认知科学和语言相结合的产物。认知语言学理论的

---

① 吕筠，董晓秋. (2006). 用认知语言学理论来解释英语研究型教学范式. 外语教学理论与实践 (3)，14-17.

兴起，可以追溯到 20 世纪 80 年代初，是一门新兴边缘学科。随着我国教育的发展，认知语言学自 20 世纪 90 年代以来得到了快速发展，并且对第二语言习得和教学等许多领域产生广泛影响。在认知语言学理论中，其主要概念和研究对象包括理想化认知模型、基本范畴、原型、图式、辐射范畴等，其中被应用于英语教学的主要有基本范畴、隐喻、图式等。下面就这三个方面进行详细论述。

1. 基本范畴

人们为记住纷繁复杂的客观存在的事物，而对其进行判断、分类、存储等一系列处理，经过这些处理，某些具有某些相同特点或者意义的事物就形成了一定的范畴。因此，在同一范畴中的事物，由于其存在一定的相似性，比较容易被人们快速感知，这一层感知的范畴就是我们要说的基本范畴。基本范畴具有一定的特点，主要包括以下四个方面：

（1）基本范畴中的成员具有明显的能被感知的特点，这一特点又具有外在区别性特征。

（2）基本范畴中的成员能够被快速感知。

（3）基本范畴中的成员被认知是按照一定顺序进行的，即被认识、被命名、被掌握和被记忆。

（4）在基本范畴中，常运用最简洁的、使用频率最高的中性词。

举个例子来说，在教师进行词汇教学的时候，对于基本范畴的词汇讲解应该放在词汇教学之前，在讲解完基本范畴的词汇之后再进行其他范畴层次的词汇的讲解，这样能够使学生在掌握经常作为词典定义词语的基本范畴词以后再进行其他词汇的学习，这样能够大大提高学生对于词汇学习的效率。

2. 隐喻认知结构

提起隐喻，我们可能最先想到的是一种语言修辞手段，其实不止如此，隐喻还是人们利用一种事物对另一种事物进行认识、理解、思考和表达的一种思维方式。因此，隐喻还是一种思维方式和隐喻概念体系。事实上，隐喻是人思维的基本特征，隐喻也是人们的概念系统的构建方式。从词语的隐喻意义来看，主要包括以下两种：第一种是在人们日常生活中顺应人们的需求而产生的；第二种是在语言中已被人们所接受的约定俗成的隐喻意义。举例来说，在进行词汇教学的时候，教师可以通过强化隐喻思维帮助学生透过英语语言的表层形式理解英语民族的思维模式，并且还可以将某些似乎不关联的词语与其反映的内在概念联系起来，从而帮助学生最终理解并掌握语言形式背后的概念。

3. 图式理论

所谓"图式"，是指每个人过去已经获得的知识在其头脑中储存的方式，是大脑对过去经验的反映或组织，是学习者储存在记忆中的已有信息对新信息发生作用，并将这些新信息加工储存到学习者大脑的过程。图式是一种储存于大脑的抽象的包含空当的知识结构，每个组成成分构成一个空当，当图式的空当被学习者新接收的具体信息填充时，图式便实现了。

(二) 建构主义理论①

1. 建构主义理论基本思想

建构主义理论有着相当丰富的内容，以学生为中心，学生主动探索、发现以及构建知识体系是其中心思想。现在我们就建构主义的五种思想进行详细论述。

(1) 建构主义的知识观

建构主义理论认为知识是对世界的一种解释和假设，其建构是建立在学习者经验的基础之上的，并且其建构过程是根据不断变化的实体情景进行的。在英语教学中，学生对自己知识的建构是在不断积累经验的基础上，通过不断完善自己对知识的认识来构建自己对知识的意义建构，最终将知识消化、内化。建构主义知识观认为，在英语教学中要重视学生在学习中的主动性以及主体地位。在整个英语教学过程中，学习者是组织、控制以及评价者，而学习者内在知识的构建也是整个过程的最终目的。由此可知，在英语教学过程中，如何构建利于学习者知识构建的教学环境是教学的核心之一。除此之外，教学的核心还包括明确学习者的主体地位，促进学习者内在知识构建，使学习者充分发挥学习主动性，最终形成"自下而上"的教学模式。

---

① 武晓燕. (2006). 试论建构主义理论对英语教学的启示. 外语与外语教学 (2), 3.

（2）建构主义的学习观

建构主义学习观的形成是以"知识观"为基础的，它强调学生是学习的主体，在教学过程中，应该明确学生的主体地位，将学生在学习中传统的被动接受变为主动学习。这就要求教师在进行教学的时候，能够利用自己的经验和知识，将外部环境知识与内在主体情景相互融合，完成"传递知识过程"向"构建知识过程"的转换。事实上，在英语学习方面，将学生被动接受转化为主动吸收知识，并进行知识积累和构建，主要通过两种途径：其一是同化；其二是顺应。具体来讲，一方面，建构知识的过程是新知识与原有知识相互联系、融合以及创造的过程，经历这一过程的最终目的是获得新知识的意义，并转化为主体内在知识结构中的一个要素，完成同化过程；另一方面，原有的知识结构体系中的一些元素会受到新知识进入的影响，从而发生一定的调整或变动，实现顺化。

（3）建构主义的师生角色定位

关于师生关系，建构主义学习理论强调以主体性为核心，不再坚持"以教师、书本为中心"的教学思想。建构主义学习理论认为，在学习情景下，教师的角色主要体现在三个方面：第一，学生构建知识体系的指导者；第二，环境的构建者；第三，知识在学习主体与环境间构建起来的连接者。学生的角色是主动地融入建构主义的学习环境中，分享、交流以及吸收新知识经验，主动构建自己新的知识体系框架。

（4）建构主义的学习环境

学习环境在学习中占据重要地位，学习主体与外界客体进行知识交流、完成知识经验构建需要通过一定的中介因素，这个中介因素就是我们要说的学习环境。因此，要想将建构主义理论学习环境的作用充分发挥出来，就需要对学习环境进行一定的限定，比如，整个环境中应该包含教材媒体、教学资料、计算机辅助教学等基础的教学信息资源。这些信息资源或者设备条件是推动学生自主学习的促进因素，并且整个环境必然是为了进行合作式探索而构建的。

（5）形成性评价

对于形成性评价的研究，最具代表性的是美国教育家、心理学家布卢姆，在他看来，形成性评价主要是对课程编制、教学以及学习三个过程进行评论，最终使三个过程逐步完成并不断得到改进。关于形成性评价的目标，除了对课程编制、教学以及学习三个过程进行评价和改进之外，布卢姆指出形成性评价还有另外一个目的，即帮助学生集中于自己内在知识体系的构建，提供对学习认知完成的主动性、创造性以及与外界环境的交互性。在教学过程中，只有对学生学习过程给予关注、重视，并且进行合理评价，才能真正有的放矢地引导学生注重对知识、技能的学习与构建。

2. 建构主义主要教学方法

建构主义倡导的教学方法主要有随机进入教学、支架式教学、抛锚式教学等。

（1）随机进入教学

这种教学方法主要是指学习者在学习的过程中，通过随机选择的途径和形式进入相同教学内容的学习，并且在学习中，学习者能够获得对同一事物或者同一问题的多方面认识与理解。

（2）支架式教学

支架式教学的提出旨在为学生搭建有助于其进行知识理解的概念框架，这些概念是为发展学习者对问题的进一步理解所需要的。在这种教学方法下，教师需要在进行教学活动之前，将复杂的学习任务进行适当分解，从而便于在讲解过程中，循序渐进地引导学生对知识进行理解和消化。通常来讲，支架式教学由搭脚手架、进入情境、独立探索、协作学习、效果评价五个环节组成。

（3）抛锚式教学

抛锚式教学实际上就是在教学活动之前，教师为学生创设情境、确定问题，也就是我们所说的"抛锚"。实际上，抛锚式教学除了创设情境、确定问题两个环节，还包括随机进入学习思维发展训练、小组协助学习、学习效果评价等几个环节。

（三）二语习得理论[①]

20 世纪 60 年代，第二语言习得理论得以产生，但其真正成为一门学科是在

---

① 王立非，袁凤识，朱美慧，魏梅.（2009）. 体验英语学习的二语习得理论基础. 中国外语，06（005），76-81，106.

20 世纪 70 年代。第二语言习得理论也称"二语习得理论"，对该理论做出重大贡献的典型代表是美国南加州大学语言学系教授克拉申（S. Krashen）[①]。下面介绍对我国高职英语教学有重要启示的理论。

1. 监控理论

监控理论由以下五项假说构成。

（1）语言习得与学习假说

在克拉申看来，第二语言习得包括两种不同的方式，即习得语言和学习语言。"习得"指的是学习者在目的语环境中，通过实践，在毫无意识的情况下，学习到使用该种语言的技能，不仅如此，随着时间的推移，学习者能够在无意识的情况下熟练地运用该语言技能进行人际交往。"学习"是人们一种有意识的活动，学习语言就是人们有意识地研究一种语言，获得理解并使用该语言的能力的过程。因此，语言习得与学习是存在一定差异的，一方面，当人们通过习得的方式掌握一种语言技能后，可以在无意识的情况下利用这种技能实现交际目的。另一方面，利用学习的方式获得语言技能之后，由于没有实际的情境，人们无法进行自由的交际，只能利用学到的语法规则对该语言的应用进行检查和纠错。通过实践证明，我们可以发现，在语言习得的过程中，既离不开"习得"，也离不开"学习"。

（2）自然顺序假说

自然顺序假说认为要按照一定的顺序对第二语言进行习得，在第二语言习得的过程中，学习者最先需要掌握的就是语法，对语法进行掌握之后再进行其他规则的获得。这种语言习得的次序在进行任何形式的语言习得时都可以采用，并且不会受到课堂人为的不同教学次序的影响。研究证实，英语作为一语和二语的习得顺序是相同的，词素和功能词的习得顺序是可以预测的，而且一种语言作为二语和一语的习得顺序都是一样的，习得过程中都有一定的系统性和共性，二语的发展模式（即某一具体的二语形式的习得阶段次序，如时态或否定式的习得阶段次序）也是如此。所有的二语习得者都要经历这些共同的阶段，当然这些阶段在不同的个体之间会有反复和重叠。从这一点来讲，对不同基础的语言习得者不能

---

① 　陈浩海.（1995）. 评克拉申的"第二语言习得理论". 广东民族学院学报（1），7.

进行同步教授，否则会使水平高者产生厌学情绪或使基础差者产生畏难情绪，不利于语言学习。

（3）输入假说

输入假说通常被看作监控理论的中心内容。该假说认为，语言习得者通过理解消化输入的语料来逐渐获得应用第二语言的能力。因此，语料输入的可理解性是语言习得成功的必要条件。只有可理解性的语料输入才有可能实现语言习得的良好效果。而且语言输入的量也决定着语言学习者对目的语的掌握程度，只有量变才会导致质变，外语学习者仅靠有限的课堂学习的语料输入量，想要熟练地掌握目的语是绝对不可能的。凡是二语的熟练掌握者都会在课堂之外通过阅读书籍、收听目的语电台或是以其他方式接触语言资料，以保证足够量的语料输入，并且通过练习将输入语料内化，从而获得运用目的语的能力。由此可见，二语习得成功的关键因素是语言输入的可理解性和输入量的充足性。

（4）情感过滤假说

在语言输入的过程中，克拉申认为情感发挥了过滤的作用，并且情感过滤的多少影响着语言习得的难易，即情感过滤得越少，越有利于语言的习得。消极的语言学习态度和焦虑的情绪都能对语言输入起到过滤作用。具体来讲，当学习者带着消极的情感进行学习时，对输入语言的学习就会缺乏主动性，即便学习者获得了语言输入，但是他们也不会去进行习得。反之，当学习者具有较强的学习动机，以非常自信的状态、不带任何忧虑情感进行外语学习的话，那么在其学习过程中，情感过滤的作用就很弱，在这样的情况下，学习者就容易习得。语言习得如同语言输入一样，其效果同样受到学习者情绪感情因素的影响。例如，喜欢和厌恶就会产生截然不同的语言习得效果。事实上，一个人的行为是由自己想要达到的目的以及兴趣导引和控制的。在语言学习过程中，学习者能否学习好目的语言，在一定程度上受到动因的影响。因此，动因也是二语习得中的一个关键因素。动因通常被定义为学习者为学会一种语言所付出的直接努力，也被称为动机。人们常把动机分为两种。第一种被称为综合性动机（Integrative Motivation），而后一种被称为工具性动机（Instrumental Motivation）。综合性动机被定义为人们因为对一种语言所代表的人文产生兴趣而去学习这种语言的内在动机；工具性动机则被认为是人们学习一种新的语言的内在动机，是为了获得该行为带来的实际价值和好处。在学习第二语言时，有些人的动机可能属于第一种，而有些人的动机则是第二种，也有的人可能两种都有。总而言之，是人们的内在动机在引导着他们外在的努力去学习掌握该语言的行为，如果有很强烈的学习动机的话，学习者往往会使用很多策略来学习该语言，如寻找各种机会来操练该语言，或尽可能多地练习口语和听力等。如果学习者学习语言所采用的策略比其他人多，会得到比其他人好的成绩，好成绩反过来又会加强他们学习语言的动机，同时他们获得自信，动机和自信会激励着他们运用更多、更好的学习策略。因此，我们可以得出这样的说法，动机与学习策略彼此相互作用。有学者的研究表明，对学习策略有最强影响的因素是动机的强弱。还有学者在研究中指出，学习者的学习目的可能会影响他们学习策略的选择和使用。总之，动机会激发学习者采用更多的策略去学习，而多样化学习策略的采用又使学习者获得良好的学习成绩，从而巩固和加强学习者的学习动机。因此，我们说教学中尽可能地发掘和巩固学生学习语言的动机是相当必要的。

（5）监控假说

克拉申的监控假说认为语言习得和语言学习具有不同的作用。具体来讲，语言习得是对第二语言学习的开始，语言习得的作用是使学习者形成第二语言的语感。因此，语言习得系统实际上是潜意识中对语言知识的习得。与之不同，语言学习系统是有意识地进行语言知识的学习，目的是在进行第二语言学习时能够临时用所学的语言知识，对接下来的学习进行监控，也就是说用"学得"来检验"习得"的准确性。值得注意的是，这种监控不仅可以在语言输出前，还可以在语言输出后。制约监控作用发挥的因素主要包括以下三方面：其一，要有足够的时间，主要是指语言使用者在选择和运用语法规则时要有足够的时间，这样才能对语法规则进行有效的选择和运用；其二，要注意语言形式，语言使用者除了要考虑语言的正确性之外，还必须将注意力集中在所用的语言形式上；其三，知道规则，语言使用者在使用语言时必须对所学语言的语法概念及语言规则知识进行把握。根据监控程度的高低不同，二语学习者可以分为三种类型。第一种是监控过多者。这种类型的二语学习者往往过度关注语言形式，因而在语言表达时表现为结巴、词不达意。第二种是监控不足者。这类二语学习者一般不受外界干扰，对语言错误的纠正只凭感觉。第三种是监控合理者。这种二语学习者通常以不影响交际为前提来合理运用监控手段。

2. 输出理论

语言学家斯温提出的输出理论认为仅仅依靠语言的输入，无法使得二语习得者达到完全流利且正确地运用语言的程度，因此斯温的输出理论强调成功的二语学习者不仅需要接触充足的语料输入，更需要完成大量的语言输出。换句话说，语言习得者在接受语言输入的同时，要将语言正确、流利地应用到交际实践中去。在斯温看来，输出在语言习得中具有重要的作用，主要可归纳为以下三点：

（1）强迫输出。所谓强迫输出（Pushed Output），实际上就是指在二语习得者进行语言习得的时候，使用目的语与其本族语言者在进行交际的时候，常常出现信息差异，此时本族语者就会不断发出理解困难的信号，在这种情况下，二语学习者为了更准确、更连贯地表达自己的思想，不得不调整及修正自己的表达方式。这是因为语言学习者在使用所学语言进行交际的时候，为了能够将自己的内心意愿表达清楚，会迫使自己特别注意表达方式，甚至为了和本族语使用者成功地交流，语言学习者会使用一些较难的语言形式，这样就形成了强迫输出。

（2）输出的第二作用就是能为学习者提供进行假设验证（Hypothesis Testing）和自觉反思（Conscious Reflection）的机会，利用这两个机会可以促使学习者不断地对自己的学习策略进行合理调整。

（3）输出的最后一个作用是可以使学习者为流畅且顺利地进行交际而集中自己的注意力，能够让学习者注意自己在交际中表达的语言形式。能够将输入和输出连在一起的是课堂互动或课外以目的语为通用语言参加的交际活动。威尔斯（Wells）曾将"互动"定义为建立发出信息者、接收信息者及语言环境三边关系的相互作用的合作活动。互动的开展一般需要教师让出他在教室里的主控地位，留给学习者更多操练外语和接触新的语料输入的空间，甚至要学会创造更多的机会。不管是课堂互动还是课外交际活动都包括各种形式，关键是学习者要积极参与，把完成交际任务当作交际的目的。良好的语言操练环境和对学习者的激励对于输出都极其重要。

3. 二语习得环境

学习母语时，语言环境对儿童能否成功习得母语起决定性作用。同样，一个人二语习得的成败也取决于外语语言学习环境。二语学习者一般都是在掌握了母语之后才开始学习二语的，学习者生理和心理上大都基本成熟。目的语的语言信息主要来源于课堂教授和教科书，语言输入不仅数量很少，题材上也不是很丰富，因此二语习得的效果也会受到影响。没有量变的积累，就不可能有质变的发生。如果能够使用目的语和本族语学生一起学习或者在异国他乡的目的语环境里学习和独立生活，那么学习者能够处在一个学习外语的鲜活语言环境中，无论是日常生活还是学习、工作等，都是学习者与别人进行交流的场所，这将大大增加学习者操练目的语的机会，对促进其目的语的使用能力具有重要作用。因此，语言环境决定着二语习得的成败。

4. 自治学习的理论

关于自治学习理论，早在 1998 年的一次国际学术研讨会时候就被提起过，这次研讨会的主题是"学习者自治，教师自治：未来的方向"，是由英国诺丁汉大学的二语/外语教育研究中心发起的，在这次会议上，来自世界各国的专家学者都做了报告，这些专家学者无一不是这一研究领域中声名显赫的人物。他们参加这次研讨会主要有两个目的：第一，是将他们的研究成果彼此分享。这是因为他们清楚地认识到，不同的学习环境需要不同的自治学习方式，因此为了更全面地研究"自治"概念，他们将所有人的研究联系在一起，以期形成一种协同增效的链条，从而使他们的研究成果更加符合现实。第二，对语言教学领域的未来发展方向进行探讨，即学习者自治（Learner Autonomy）和教师自治（Teacher Autonomy）。

作为英语教师，常常需要面临一个这样的问题，教师付出大量精力进行教学，但是却得不到学生的积极反应，学生反应不积极，对学习缺乏主动性，从而使英语教师觉得自己的付出与产生的教学效果之间不成正比，对英语教师的教学积极性产生了巨大的消极影响。造成这种情况的原因，主要是学生缺乏学习的主动性，过分依赖教师。然而，实际上，学习者自身的学习能力和学习动机决定着教学效果，而在整个教学过程中，教师是否掌控全局对教学效果的好坏是起不到决定性作用的。从这个层面来讲，要想提高教学效果，就要让学习者明确自己在教学中的主体地位，并且树立学习责任心。这里说的有责任心的学习者，不仅仅是按时完成作业、遵纪守法的学习者，还包括那些坚信学习进步的关键因素是自身的努力，并且将这一认知付诸实践的学生。因此，有责任心的学习者在积极学习时，不是为了取悦教师或得到好分数，而是想努力学到他需要的知识和技能。自治学习者首先必须是有责任心的，因此自治学习者都是积极主动的，同时也是头脑清楚的。自治学习是一种学习方法。它需要有责任心的学习者，但有责任心的学习者的培养离不开教师的有效引导。自治学习中心提供的除了一系列学习资料和提供学习资源的机器系统外，还把资源、指导人员、系统管理和机器设备融于一体，从而为自治学习者提供良好的环境和服务。自治学习的形式可以很灵活，规模也可自由控制，可以在教室里进行，也可以在语言自治学习中心或是图书馆等地方进行。

二、高职英语教学基本原则

（一）学生中心原则

在高职英语教学过程中，教师要贯彻以学生为中心的原则，必须注意做到以下几点。

1. 精心设计教学方案

为保证教学活动顺利开展和教学目标有效实现，教师要坚持以学生为中心，精心设计教学方案。要根据学生的语言基础、语言运用能力和学习能力确定相应的英语教学目标、教学任务，因材施教，开展分层教学；要根据教学目标，精选教学内容，认真选择适当的教材，确保教材内容符合学生的实际学习需求，并根据学生学习情况及时调整和优化教学内容；要认真备课，课前了解学生、研究教材，精心准备教学内容，细化设计教学流程，确保课堂教学按计划方案有序开展。

2. 科学选用教学方法

英语教师要根据学生的学习基础、学习习惯和心理特点选择与之相适应的教学方法和教学手段，增强学生的学习动力，激发学生的学习兴趣，使学生积极主动地投入英语教学过程中；教师要根据教学内容的不同，选择不同的教学方法和手段，提高课堂教学的效果；教师要高度重视教师的引导和支架作用，及时发现学生学习中的困难并给予必要支持，帮助学生渡过难关；同时要及时发现学生学习的进步并给予鼓励，进一步激发学生学习的积极性和自信心，从而取得更好的学习效果。

(二) 激发兴趣原则

在高职英语教学过程中，教师还要坚持激发兴趣原则，要想做到这一点，可以从以下方面着手。

1. 主动发掘兴趣

教师要在遵循语言学习规律的前提下，根据学生心理和生理的特点，对学生进行深入了解，找出学生的兴趣点，并且将其应用在教学中，从而不断激发学生学习的动机和兴趣。教师要善于发现和挖掘学生对于英语教学内容的兴趣点，让学生对每节课都充满新鲜感，将学生的学习积极性最大限度地调动起来，提升学生英语学习效果。

2. 及时给予鼓励

学生的学习效果以及能否获得成就感是学生学习兴趣的高低的决定性因素。因此，在教学过程中，教师要善于发现学生的点滴进步，并且及时给予鼓励和表扬，这样就会使得学生内心充满成就感，从而激发英语学习的兴趣，积极主动地投入学习中。及时地给予学生鼓励还能增强学生的自信心，使其学习动力进一步增强，从而提高英语水平。久而久之，就会使其形成英语学习的良性循环。

3. 加强师生交流

研究表明，学生对课程的喜爱程度与教师存在着密切的关系。知识渊博、性格活泼、幽默风趣的教师更加受学生的欢迎。而学生喜欢一名教师，通常也会喜欢这位老师所教授的课程。因此，教师注重提升自身的综合能力，加强与学生的交流，和学生打成一片，是激发学生学习兴趣、提高英语教学效果的重要途径。

4. 创新教学方法

传统的课堂教学方法，一般是教师主导，学生被动地听课、做笔记，这种教学方法无法激起学生的英语学习兴趣。因此，创新教学方法是当前高职教育迫切需要解决的问题。创新的教学方法能够使学生耳目一新，不仅能够激发他们学习英语的兴趣，还能促进其思维能力、英语综合应用能力和自主学习能力的提升。

5. 优化评价办法

在高职英语教学评价中，为了更好地帮助学生摆脱传统应试教育的阴影，要不断强化形成性评价的应用，引导学生在英语学习中要更加注重学习过程而不是只注重最后的成绩，让学生体会学习过程中的每一次进步所带来的成就感，从而激发其对英语学习的兴趣，以及主动学习的愿望，从而使其能够更加主动地投入学习过程中，真正提高英语课程的学习成效。

（三）灵活教学原则

构建高职英语教学体系，须将高职英语教学主体（教师）、客体（学生）及中介（高职英语学科内容），三方融为一体综合考虑。开展高职英语学科教学过程中，高职英语教师应及时分析、掌握学生学习情况，据此灵活调整教学方案，系统地推进高职英语教学进度。

1. 灵活运用教学方法

教师在英语教学中，要结合语音、词汇、语法等语言知识学习和听、说、读、写、译等语言技能训练的实际情况，根据不同的教学对象、教学内容、教学情境的具体特点，灵活采用最适合的教学方法，以确保教学的针对性和实效性。

2. 引导学生灵活学习英语

学科教学方案须具备适应性，即能够适应学生学习特点。高职学生已经具备基础性的英语学习能力，但由于高职院校师资、教学规模和学生学习差异，存在学生学习水平不一的问题。为此，高职英语教师须定期摸清学生学习差异情况，大致了解每位学生的学习能力和进度。同时，灵活调整英语教学方式方法，主动引导学生开展英语语言交际活动，在英语语言互动交流中提升学生的认知力。

3. 营造灵活应用英语氛围

英语是一门实用性较强的语言，开展英语语言交流，需要建立相对宽松开放的交际环境。为提升高职院校学生英语学习兴趣和能力，高职英语教师可以尝试构建较为宽松的语言交际氛围，组织学生开展英语语言交流实践活动。此外，在英语课堂教学过程中，高职英语教师可以灵活运用英语教学方法，以强化学生英语课堂互动为目标，主动营造宽松的英语教学和学习氛围，满足学生的英语学习需求体验。

（四）教学交际化原则

语言是交际的工具，人们主要通过语言来交流思想、传递信息。学生学习英语的首要目的是学会使用英语进行交际。教师在英语教学过程中应注意遵循交际性原则，培养学生运用所学语言知识在不同场合、和不同的对象进行有效交际的能力。要在教学中培养学生的语言交际能力，教师应该做到如下五点。

1. 正确认识英语教学的本质

高职英语教学旨在增进学生英语语言的应用能力。通过教学英语单词语法用意、语句结构成分和语言应用环境等，培养学生英语应用素养。高职学生已经具备较为完善的英语知识框架，高职英语教师需要提供适合的语言交流场所，增进学生的语言应用能力。当然，在英语语言实际应用环节，高职英语教师仍须为学生提供相应指导，帮助学生答疑解惑，使学生可以正确地理解英语单词在不同语境中的含义。

2. 将英语教学交际化

作为实用性较强的语言，英语正在展现其交际功能特点。现阶段，部分高职院校学生仍带有考试思维的观念，将学习英语视为考试环节的构成部分。这种略带倾向性的学习观念与英语教学的初衷是相悖的，不符合当前高职院校英语教学的目标。为此，高职英语教师仍须积极地践行互动教学方法，开展理论与实践相结合的英语教学模式。以高职院校常见的英语角为例，在较为宽松开放的交际环境下，英语角使高职院校学生之间的英语互动交流进一步增强，这有利于改善学生英语学习的态度。

3. 教学活动贴近生活

语言为人与人之间的沟通交流提供了载体，成为推动人类文明进程发展的力量。英语语言同样具备生活化的特点，高职英语教师教学英语可以尝试融入生活元素，指导学生用英语语言介绍常见的生活现象。此外，高职英语教师还可以引进社会热点话题，引导学生用英语语言互相沟通和交流，发表对社会热点话题的看法，这一过程不仅可以提高学生英语语言应用能力，还可以提高学生英语语言思维表达能力。因此，高职英语教师可尝试生活化的语言教学。

4. 教学中创设交际情境

要使学生获得使用英语进行有效交际的能力，做到在适当的地点和时间，以适当的方式向适当的人讲适当的话，教师在英语教学中要积极创设真实交际情境，使师生身临其境，共同完成各种教学活动，以此来提高学生英语应用能力。情境包括时间、地点、参与者、交际方式、谈论的题目等要素，在某一特定的情境中，某些因素，如讲话者所处的时间、地点以及本人的身份等都对他说话的内容、语气等有着制约作用。因此，在英语教学中，教师要把教学内容置于一种有意义的情境之中，使学生充分理解每一句话在实际情境中所表达的意思。这就要求教师在设计英语教学活动时要充分结合教材的内容，利用各种教具，创设情境，设计开展各种任务型交际活动，完成各种相关交际目标。

5. 情感教育原则

高职英语学生已具备系统的学习能力，并形成较为个性的英语学习思维。针对高职院校学生开展个性化教学，需要综合考虑学生的身心发展特点，以满足学生的学习体验为教学目标，引导学生积极主动地融入英语语言交际活动。此外，关注高职院校学生英语情感体验，也是高职英语教师须重点考虑的事项。

（1）创建良好教学环境

情感教育原则已经被用于各种学科教学中。针对高职院校学生开展情感教育，首先需要尊重高职院校学生的思想情感态度，增进高职院校学生的心理情感体验。

从高职院校英语教学角度分析，高职院校英语教师可以主动拉近与学生的距离，创建师生平等互动的英语交流环境，使学生更倾向接纳英语学科。此外，高职院校学生情感体验会影响课堂学习效率，高职英语教师可寻求与学生进行情感沟通，在了解学生的想法过程中，帮助他们解答困惑。当然，创设好的情感教育环境，需要构建宽松愉悦的课堂学习氛围。

（2）培养学生形成积极的情感

积极的情感态度有助于推进问题的解决。高职院校学生有着较为独立的情感判断，对待事物现象能够较为清晰地提出个人意见或态度。英语本身就是用于语言交流的学科，而语言交流中又蕴含丰富的情感体验，所以高职院校英语教师应该尊重学生的英语情感体验，尝试从情感教育的角度，指引学生形成正确的情感价值观。此外，针对高职院校学生开展英语情感教学，需要创设较为顺畅的情感交流渠道，在平等互动中交换学习情感，从而完善学生对英语学科的情感认知建构。高职院校学生具备独立思考的能力，并且具有较为强烈的自尊心，高职英语教师只有尊重学生的情感体验，才能顺利推进英语语言教学，进而提升英语学科教学效率。

第二章 高职英语教学的专业建设与课程设置

第一节 高职商务与应用英语专业建设

从某种意义上来说，办学就是办专业。专业是高职院校人才培养工作具体实施的载体，学生专业知识的习得和能力的构建是通过专业学习来实现的。专业建设在学校发展中具有举足轻重的作用，其核心内容包括专业设置、人才培养、基地建设、课程改革、工学结合等方面。一所高职院校要想办出特色，就必须把教学设施建设、人才培养模式和教学模式的改革与创新落实在专业建设上。

一、高职英语专业概述

（一）高职英语专业建设的内容

1. 师资队伍建设

师资力量是衡量一个学校办学水平高低的决定性因素之一。我国高等职业教育经过多年的探索与发展，已经初具规模，办学质量也稳步提高，然而"双师型"师资的严重缺乏，已成为制约我国高职教育发展的瓶颈。教育主管部门和高职院校应当结合高职教育的特点和教学规律与要求，制订师资队伍发展规划，有步骤、分批次地培养、培训适应高职教学需求的合格教师。

2. 课程建设

课程体系是专业知识和职业能力培养要求的全面体现，课程设置、课时数量及授课顺序等方面是否科学、合理，直接关系到专业培养目标能否顺利实现。课程体系是专业设置时必须首先明确的内容。课程体系的确立要建立在对各个专业所对应的工作岗位群所需要的知识和技能进行充分调研的基础之上。

从全面培养人的角度来看，课程体系还要兼顾学生综合素质的提高。教材是专业知识和个人素质、能力培养的物质载体，缺乏这一载体，必将影响专业知识传授和专业能力的形成。如何使教材符合高职教育的特点与培养目标，仍然是目前乃至今后很长一段时间内高职界应当密切关注的问题。

3. 实训条件建设

重视实习实训是高职教育的办学特色之一，也是提高高职教育质量的重要环节。实践教学条件的好坏直接关系到学生专业技能培训的质量。高职院校应不断加强实践条件建设，不仅要建设高质量的校内实践基地，还要推行"走出去"战略，设法和企业合作，共建校外实习实训基地，从而增强高职毕业生的社会适应性。

4. 实践教学体系建设

强化实践教学，是高等职业教育与普通高等教育的主要区别之一。实践教学体系的建设和完善，制约着教学活动的组织与安排，进而影响着专业人才的素质和职业技能的培养。实践教学体系建设在职业教育人才培养系统中具有不可替代的作用。积极探索和改革实践教学的方法与内容，完善实践教学设计，构建体现职业教育特色的实践教学体系，是值得深入探讨和思考的重要问题。要以构建和优化创新人才培养模式为前提，把实践教学改革融入整体教学改革之中，不断加强学生的知识、能力、素质的综合培养。

（二）高职英语专业建设的要素

1. 融入产业要素

所谓专业设置融入产业要素，从中观层面上看，就是教育主管部门在审批专业和调整专业结构时要充分考虑区域主导产业、重点产业、特色产业的发展现状和趋势，合理规划与布局学校专业结构；从微观层面上看，就是学校要走进产业规划部门，学校中层干部和专业带头人要赴地方有关部门挂职，参与产业的调研和规划制订，开展产业活动分析和课题研究，全面了解产业转型升级的态势与战略趋势，确定与产业发展相适应的重点专业发展规划。

2. 融入行业要素

学校利益要服从国家利益，建立人才培养模式动态调整机制，对于不适应社会需要的专业要及时停办。区域经济转型升级带来结构、布局和支柱产业的变化，引发了行业、企业对不同类型的高素质技能型人才的需求。社会需求是人才培养的立足点和结合点，因此，"专业产业"的关系是建立在"专业行业"关系之上的。在课程开发中，要注重体现行业发展的要求。

3. 融入企业要素

高职院校实训中心的建设应在设备选择、物质环境、教学项目设计等方面，体现企业的典型工作任务、训练项目的技术含量、新技术的发展方向和企业的职业氛围，既要不同于研究型大学的实验基地，又要有别于中职教育的操作性实训基地。同时，基地的建设既要考虑教学功能，又要兼顾培训、职业技能鉴定和应用技术研发等多种社会服务功能。

4. 融入职业要素

课程建设的重点是开发以工作任务为导向的项目课程。传统的高职教育课程沿袭了本科教育学科型课程模式，实际上，这种模式已经不能满足现代职业教育的需要了。从"以知识为中心"的课程体系到"以工作任务为导向"的课程体系转换并不是线性的演绎过程，而是要打破学科型课程结构。新结构课程体系来源于职业岗位，通过工作任务分析，按照岗位主要工作内容以及工作的主次和相关性，确定专业核心和专业课程。

5. 融入实践要素

工学结合是一种将学习与工作相结合的教育模式。工学结合融入实践要素，就是要求学校在产业、行业、企业的合作框架下，对接企业职业岗位。高职院校要根据专业特点，加强与企业的合作，共建实习实训基地。顶岗实习是高职院校培养学生专业技能的重要环节，学生的实习岗位必须和职业岗位全面对接，还要建立教师到企业的锻炼制度，形成对接机制。一是结合岗位开展企业调研，形成产业转型意识，把握产业发展的新技术要求，结合课程教学，搜集工作案例，丰富教学内容；二是参加企业岗位实践活动，丰富工作经历，提升教学能力；三是教师带项目到企业或参与企业技术改造和新项目开发，提升科研能力。

（三）高职英语专业教学改革新要求

英语是国际通用型语言，其重要性不言而喻。而目前的英语教学体系存在着种种弊端，只有对其进行改革，才能有效地促进英语教学质量的提高。因此，本节以我国教学改革的新形势为依托，对高职英语教学改革提出一些新要求，以期为之后的高职英语教学改革提供一定的理论指导。

1. 放眼全局以人为本

英语教学的首要定位就是人的教育，而高职英语教学的首要要求也应当是人本主义。教师要时刻以学生为中心，充分发挥学生的主体作用，注重学生的全面发展，使他们形成持续学习的能力，从而为其终身学习打下良好的基础。因此，当代英语教学要求学校和教师要着眼于学生的全面发展。要促进学生的全面发展，仅靠帮助学生掌握英语知识是远远不够的，还需要注意培养学生的社会责任感、积极的情感、严谨的治学态度等，因为这些因素对学生的英语学习同样具有重要的影响。这就要求教师在英语教学中要尊重学生，做到以人为本。具体来说，主要从以下三个层面着手。

（1）尊重差异

首先我们必须承认，学生之间是存在差异的，每个学生都有其独特的个性。学生的类型不同，其学习特点也存在差异，面对这些差异，教师应该为学生提供与他们的实际学习需求相符的学习指导，同时也为他们提供平等的学习机会。可见，教师在教学中应该具体问题具体分析，做到因材施教。例如，有的学生擅长口头表达，有的学生则擅长书面表达；男生比较倾向于阅读思考，而女生则倾向于单词记忆、规则掌握。因此，一名优秀的英语教师应该在教学中根据学生的具体类型和特点进行具体的指导。

（2）激发学生潜能

教师应该坚信，每一个学生都具有极大的学习潜能，每一个学生也都有其独特、丰富的内心世界。尤其是在科技高度发达的今天，学生在很多方面都比以往更独立，在许多问题上的思考也非常独特。因此，教师应该多与学生进行沟通、交流，使学生能够将教师视为朋友。同时，教师在与学生平等相处的基础上，应不断了解学生的心理和认知方式，进而改进自己的教学模式，为学生提供更加充分的发展潜能的机会。

（3）发挥学生自主性

学生主体是指自主地、能动地参与教学活动的个体。在英语教学中，教师要尽量做到为每个学生创造良好的教学环境，确保每个学生都能够参与教学活动，让学生在教学活动中不断地培养和发展自身的自主性、能动性和创造性。

2. 营造和谐课堂氛围

要顺利地实施情感教学，营造和谐的课堂氛围是较为关键的因素。课堂教学实际上是交际的过程，如果课堂气氛和谐，交际就会有效；如果课堂气氛不和谐，交际就会无效。从某种程度上来说，营造和谐的课堂交际氛围比使用合理的教学方法更为重要。营造和谐的课堂氛围要做到以下三个方面。

（1）宽容对待学生

英语对于我们来说毕竟是一门外语，不是我们的母语，我们使用母语都会不可避免地犯错，在学习英语时犯错更是在所难免。长期以来，教师在教学中过于强调语言的精确性，学生只要犯一丁点的错误，就会被教师打断并纠正。久而久之，学生便会产生挫败感与畏难情绪，甚至出现"谈英语色变"的情况，长此以往，他们就会对英语学习提不起兴趣，那么英语课堂氛围沉闷也就可想而知了。

改革背景下的高职英语教学提倡教师对学生持宽容的态度，即教师应该引导学生多运用英语，不必有错必纠。

此外，在英语课堂教学中，教师还需要正确处理学生的突发情况。例如，遇到学生上课打瞌睡的情况，教师不应当立刻严肃地训斥学生，而应当本着以人为本的态度关心学生。这样，学生对教师心存感激，自然也就会努力地投入英语学习当中。

（2）调节师生关系

要创造和谐的课堂氛围，首先，教师要热爱自己的学生，给学生创造更多平等的机会。其次，教师要坚持人本主义的思想，改变教学重教师而轻学生的传统观念，对师生之间的关系进行重新审视和定位。在具体的教学过程中，教师还要为学生提供充足的学习空间，让不同类型、不同水平的学生都能够在学习过程中获得乐趣、成就感和满足感。当学生们产生成就感时，就会不断提高自己对这门功课的兴趣和积极性，这也就必然会推动教学质量的提高。

（3）进行情感沟通

研究表明，教师对学生能力的信心在一定程度上直接影响着学生学习的效果。因此，在英语课堂上，教师自身应该始终保持高昂的、乐观向上的精神状态，对学生要倾注所有的热情，并用这种态度将学生的积极情感调动起来。同时，教师要对学生充满信心，多表扬与鼓励学生，提高他们英语学习的积极性与主动性。

二、高职商务英语专业建设

（一）高职商务英语专业定位

商务英语专业是一个复合型专业，它涉及的内容非常广泛。"商务"是个宽泛的概念，它是指围绕贸易、投资等开展的各类经济、公务和社会活动，具体包括贸易、金融、管理、营销、旅游、法律、物流、海事等方面。高职商务英语专业不可能面面俱到，所以为商务英语专业设定一个具体的方向非常有必要。不同学校可根据社会需要和自身特点设立不同的专业方向（如空中乘务、国际贸易、国际金融、国际营销、电子商务等）。

高职商务英语专业的人才培养目标必须符合高职学生的水平与特征，坚持"实用为主，够用为度"的原则，面向企业的中低端人才需求，培养实践能力强、理论知识够用的技能型人才，如外贸业务员、进出口贸易单证员、报关员、外销员等。

（二）高职商务英语专业建设思路

第一，加快师资队伍建设，提高教学水平。商务英语专业的发展，必须有一支具有扎实英语语言功底、丰富的商务知识、一定的商务实践经验和较强的实践指导能力的稳定的教师队伍。

第二，更新教学理念，加强对学生综合能力的培养。针对商务英语目的性和实践性强的特点，在注重对学生英语语言能力培养的同时，加强学生对商务知识的系统掌握和灵活运用，同时也不能忽视对学生综合素质的培养。

第三，树立明确的教学目标，优化课程设置。培养具有较为扎实的英语语言基础和英语应用能力、拥有丰富的商务知识和各种商务实战技能的复合型人才，是当前商务英语教学的核心目标。因此，既要强调英语语言课程的设置，又要重视商务知识课程的设置和拓展，增强学生对实际工作的适应能力。

第四，探索新的教学方法，建立新的教学模式。为了适应经济社会发展对商务英语人才需求的变化，商务英语的教学模式必须由"以教师为中心"转变为"以学生为中心"。

第五，选用优秀教材，提升教学层次。教材是教学理念、内容、方式的载体，选用优秀的教材在商务英语教学中至关重要。教师在选择教材时，应注意教材的内容要富有时代性，紧跟现代商务活动发展的步伐。

（三）高职商务英语专业课程建设

1. 课程设置原则

（1）多方课程决策

高职课程开发与决策的关键是，必须有产业界参与、工作部门提出要求，满足劳动力市场对人才的需要。也就是说，特别要注意把用人单位的需求转化为高职的培养目标，并在课程设计中体现出来。具体地说，高职课程的设计要有多方参与，它可以由高职院校的教学单位——院、系或教研室牵头，聘请相关行业（企业）与用人单位，以及教育、科研部门的有关人员参加，成立专业管理委员会，研究制订专业发展计划、课程标准和课程设计。在发达国家，高等职业技术院校、行业等共同参与制订课程计划比较普遍。比如，德国巴符州的高职商务英语教育机构职业学院的教学计划和课程设置都由学院的专业委员会制订。这种专业委员会有学校、政府和企业等多方面的代表参加，专业委员会还负责制定专业培养的目标、理论课和实践课的教学内容等。

必须特别指出的是，成立管理委员会对于高职学校的教学工作有着十分重要的意义，它不仅改变了我们以往课程设置只局限于教育主管部门和学校参加的倾向，更因为我们对于高职教育的教学特点和规律知之甚少，还处在探索阶段，必须依靠由来自教学第一线的教师和生产第一线的企业家，以及教育主管部门的领导联合组成的教学管理共同体——专业管理委员会，才能保证课程设计的科学性，才能确保培养出优秀的高等职业技术人才。

（2）课程目标有针对性

一方面，无论是每门课程本身设计的目标，还是整个高职课程模式开发的目标，都要有明确的宗旨和指导思想，以便高瞻远瞩，全面指导各项工作；另一方面，无论是总目标，还是分目标、子目标，都要力求具体化，具有针对性和明确的内涵。我们认为，总目标的表述可参照行业特点，分目标与子目标要尽可能行为化。此外，一切课程编制都要以目标为中心来展开，切忌脱离目标、摆花架子、做虚形式。当然，目标本身必须是合理的，是经过反复研究而定的，能充分反映职业能力、岗位（群）要求和学生学习的多方面需要。

（3）理论加入适度

理论适度化既要在高职商务英语教育专业理论基础上进一步加深和拓宽，又要做到少而精。要以够用为度，不追求专业理论知识的完整性，而是严格按照职业岗位工作的需要，去精选适合的专业理论知识：职业岗位需要什么，就教什么；需要多少，就教多少。"精"是指以实用为度，即着眼于理论在实际中的应用，课程内容要突出专业理论在生产实践中的直接效用性，重点介绍专业理论知识的应用范围、应用范例，以有利于学生真正掌握专业理论知识的应用范例和应用方法。

（4）课程设计灵活

为培养目标服务的专业设置、课程开发、教材选用与编写等各个环节，都会处于动态之中。课程不仅是特定知识体系的载体，而且是一个发展的过程；课程组织不再以学科为中心，自我封闭，而是不断地与其他学科相互渗透，向跨学科、综合化的方向发展；课程内容也不再是完全确定、一成不变的，而是不断地根据客观需要和新的知识、技术成果以及职业岗位要求予以调整修正，其过程如下：职业岗位需要评估→课程开发与设计→教材选择与编写→教育实施→评价反馈→修改调整。

（5）课程结构模块化

所谓模块化的课程结构，就是把教育内容编排成便于进行各种组合的单元，一个模块可以是一个知识单元，也可以是一个操作单元，还可以是一个情境模拟单元。比如，通过设立模拟英语翻译室，可以让学生置身于仿真的环境中从事翻译处理工作，增加真实感。同一模块既可以供一个专业使用，也可以供几个专业共用；学生既可以根据自己的需要选学不同的模块，也可以对模块进行增减。这里要指出的是模块操作单元，即实践性环节，放在何时进行是值得研究与探讨的。目前，大多数学校在全部课程结束之后，即学生毕业前夕，才集中安排实习一至两个月，这种实习只会流于形式，起不到应有的效果。有些学校在毕业前的最后一个学期，将学生全部集中起来做模拟实习，这种实习也不易取得较好的效果，因为这个阶段学生无法安心地进行模拟实习。因此，我们认为，可以把先学习后模拟实习的做法改为边学习边实习。

2. 课程设置的依据

（1）社会需要

知识经济的发展，对高职教育提出了更新、更高的要求。高职教育只有适应社会需求，才能发挥出其不可替代的作用，也才能体现高职教育这一特殊类型教育存在的社会价值。基于这种认识，高职教育课程设置应考虑四个主要因素：一是适应社会生产力的发展对社会从业人员的文化技术素质的要求；二是行业发展对从业人员的特殊素质的要求；三是满足学生今后的可持续发展对终身学习提出的要求；四是知识经济的发展对从业人员的创新素质的要求。因此，终身学习、创新教育思想要在课程设置中得到体现。高职教育课程设置必须紧跟高新技术的发展步伐，必须有一定的前瞻性，这样培养的人才才能更好地适应未来社会发展的需要。

（2）专业建设

高职课程内容是从科学技术知识中根据一定的标准精选出来的，因此高职课程内容应代表人类科技发展的水平，专业建设要站在人类科技发展的前沿。随着现代科技的高速发展，学科与学科之间开始由单向联系向多维联系发展，从而形成一个相互渗透、纵横交叉、多层次综合的学科体系。高职教育要培养出高素质的技术应用型人才，使学生不仅能胜任职业岗位的工作，而且能适应未来经济社会的发展和变化要求，就必须准确地把握高职学科发展的前沿信息，把最实用的知识和技能传授给学生。在高职课程设置中，要注意学科知识之间的综合，消除学科之间彼此孤立甚至壁垒森严的对立局面，以使学科知识良性发展，使学生的学习产生最大限度的累积效应。

（3）人格取向

人格取向是高职商务英语教育课程发展的未来趋势，也是高职商务英语教育课程设置必须考虑的重要因素。所谓"人格取向"，是指以完善人格、促进人的"自我实现"、提高人的个体素质为目标的课程结构模式。高职教育培养的学生不仅要具有必需的知识和能力，还必须具有健康的职业心理、终身学习的意识、自主创业与积极生存的能力。高职教育的专业教学是一种以横向为主的模块式教学体系，其核心要素以职业岗位技能的专项性和操作性为依据，以培养学生良好的职业技能、扎实的岗位技术知识、较强的技术再现能力为目标。高职教育课程设置仅仅局限于能力取向层面是不能完全适应发展要求的，它必须着眼于人的全面发展，在能力取向的基础上，以提高综合职业能力为核心，以致力于人格的完善为目标，不断提升知识、情意、人性在高职教育课程设置中的地位，以确保人的整体性发展。

（4）个性发展

课程的最基本职能是促进学生身心和个性发展。个性发展作为现代教育思想的重要标志，强调以人的全面发展为核心，强调展示人的个性的丰富内涵，它是人们重新审视教育价值功能的主要依据之一。高职教育课程作为学校教育的核心，必然要反映教育个性化的思想。也就是说，教育个性化要求高职课程应具有以下三个重要功能：

一是发展人的主体性。主体性是人的个性发展的核心，没有主体性的发展，就不可能有个性发展。

二是发展人的创造性。高职教育课必须给学生以自由的时间和空间，让学生敢想敢闯。

三是发展人的全面性。个体发展是依据个人特点而发展的，必须要求面向每一个学生，主张每一个个体在全面发展的基础上，可以在某一方面有突出的发展，只要是适合个人个性发展即可。

总之，教育个性化就是要求作为高职教育改革核心的课程改革必须围绕"培养人"这条主线进行，在培养学生获得共性知识、能力和价值的基础上，重视学生的个性发展。从这个角度上说，学生个性发展是检验高职教育课程设置合理与否的一个重要指标。综上所述，社会需要、人格取向、个性发展这些因素是交互作用的，其中的任何一个因素都不能成为高职教育课程设置的唯一依据。

三、高职应用英语专业建设

(一) 高职应用英语专业建设的措施

面对目前的挑战和机遇，作为应用英语专业施教者的我们所能做的就是加强专业建设，增强学生的就业竞争力。

1. 构建工学结合的培养方式

积极探索适合高职教育特点的应用英语专业的理论与实践紧密结合的"教、学、做"一体化的教学模式，并实施诸如案例导入法、情景模拟法、仿真实训教学法、角色扮演教学法、实际岗位训练法等行之有效的教学方法。充分利用现有的实训平台，实现专业理论与实践紧密结合的"教、学、做"一体的教学模式。

语言能力、专业知识和岗位技能是高职院校外语专业人才培养的三个主要环节。这三个环节相互依存、相辅相成，共同形成一个环环相扣的有机整体。专业知识是基础，技能培养是关键，语言能力培养贯穿于整个人才培养过程。应基于对人才培养模式的确立，形成应用英语专业的人才培养目标，即培养具备良好双语沟通能力、扎实掌握助理工作和外事管理基本理论、能高效完成办公室日常工作和外事工作的复合型人才。

2. 改革教学体系手段与模式

首先，改革专业课程体系。依托"教、学、做"一体教学模式的理念，形成"语言""专业知识""技能实操"三个课程群，突出职业能力培养在教学过程中的核心位置。

其次，丰富教学手段。信息化技术和多媒体技术的使用日益加深，应充分利用语音室、多媒体教室和数字实验室进行教学，为学生营造语言教学辅助环境，使学生的学习兴趣得以提升。

最后，引入先进教学模式。将任务驱动、CDIO（以产品研发到产品运行的生命周期为载体，让学生以主动的、实践的、课程之间有机联系的方式学习工程）和翻转课堂等新型教学方法广泛应用于课堂教学，引导教学理念改革的不断深化，使学生的学习更具主动性和针对性。

3. 加强实践教育

始终坚持为地方经济和社会发展服务的指导思想，以学校为主体，以行业、企业为依托，以专业指导委员会为纽带，不断探索地方、院校产、学、研结合办学的途径。把企业专家请进校园、学生深入生产第一线顶岗实习等有效的教学模式，能使学生学到很多书本上学不到的技能，还能大大拓宽他们的就业渠道。充分发挥专业指导委员会的作用，与相关企业合作，建立稳定的校外实训基地，签订学生实习协议，建立长期合作关系，为学生的专业认知实训、专业课程实训教学以及毕业实习等实践教学环节提供真实职业背景的实习场所，也为专业教师提供产、学、研结合的实践场所；聘请企业、行业人士担任专业主干课程、实训课程指导教师，邀请业内专家做各种讲座、报告，安排学生到相关的企事业单位顶岗实习等，大大拓宽人才培养途径。

校企合作委员会制度是校企合作的机制保障，有些院校随着企业职能以及人员的变化不断调整。为保障工作的职能和效率，不断完善企业专家人才库，校企合作委员会对原有的企业专家按其校企合作工作的实际情况进行重新遴选和聘任，继续召开研讨会探讨人才培养方案、校企合作机制和学生实习就业等具体问题，持续改进工作。

4. 加强师资力量建设

学生动手能力的强弱很大程度上取决于专业教师实践能力的高低。教师没有实际工作经验，大多数情况下只能照本宣科。产学合作、工学结合是"双师型"队伍建设的迫切需要。教师队伍应本着"走出去、请进来"的原则，提高专业教师自身的技术能力和专业水平，成为"多向双师型"教师。同时，充分利用社会企业的师资资源，如聘请业内专家、专业理论与实践能力俱佳的业务骨干来校讲学和担任兼职教师，指导学生实习实训和实践课程等。"双师"结构师资队伍建设的不断推进，可保证实训课程的顺利实施，从而提高实践教学的质量。

（二）应用英语专业建设实施途径

1. 优化师资结构

目前，高职应用英语专业教师大多是英语语言文学专业出身，知识结构单一，不能满足人才培养的需要。为了弥补现有师资力量的不足，高职院校应积极聘请行业、企业专家来校讲课或定期举办讲座，还要有计划地安排专职英语教师到企业锻炼，在真实的环境中体验、了解和熟悉工作岗位对知识技能的需求情况，与企业专家一起开发企业所需课程，共同制定教学大纲、确定教学内容。

2. 融合课程技能

将英语语言课程与外事、酒店（管理）、行政办公及商务文员方面所需要的知识技能模块课程进行融合。基础阶段以培养英语基本技能为目标，主要的课程是培养英语听、说、读、写四项技能，然后再逐渐融合不同岗位的职业技能。

3. 开展基地建设

应用英语专业学生应具备某一行业的实际操作能力，高职院校必须走校企合作之路，为培养学生的"实战"能力提供支撑。由于应用英语专业毕业生的社会需求面广而分散，同时学生的就业意向具有多元性的特点，所以校外实习实训基地的建设至关重要，而且要有一定的数量和不同的行业，以满足学生顶岗实习的需要。

4. 实施分流实习

从大二开始，根据应用英语专业学生的就业意向，在教师的指导下，跨专业选择有关职业领域的知识性课程和专业技能实训。与其他系部协商后，把学生嵌入其他班级跟班听课学习。在第二学年结束后，根据学生的就业意向，安排他们到星级酒店、外贸企业等单位进行分流顶岗实习。

5. 进行有针对性的项目教学

项目教学是指师生通过共同实施一个完整的项目而进行的教学活动。就应用英语专业而言，可以学习小组为单位，让学生对涉外企事业工作活动展开调查，对其活动性质、内容、目标进行考察，并对涉外事务的中英文资料进行采集。教师应不断地进行教学改革探索，倡导师生之间积极互助、合作探究与共同发展。

第二节　高职旅游与英语教育专业建设

一、高职旅游英语专业建设

高职旅游英语专业是旅游英语人才培养的重要阵地，但是目前高职院校旅游英语专业的建设还很难适应涉外旅游市场的需要。因此，要加大改革的力度，特别是要加强实践环节的教学，以体现职业院校的特色，使高职旅游英语专业人才具备扎实的英语语言基本功和合格的职业技能，并具有一定的创新意识，为我国经济的发展做出必要的贡献。

（一）高职旅游英语人才培养目标和特点

旅游英语专业是培养具有较高英语水平及旅游管理专业知识，熟悉中外历史文化，了解旅游经济规律、市场营销策略和旅游法规，具有良好沟通能力和组织能力，能以英语为工具从事旅游工作，且具有一定实践能力和创新精神的实用型、技能型人才。

高职旅游英语专业的目标就是培养具有扎实英语语言基本功和合格的涉外旅游技能的高技能型人才，包括英语导游、涉外旅游接待人员等。由于服务的对象包括外国友人，该专业的毕业生需要具备较高的政治素养和国家民族意识，还要有一定的跨文化意识，了解客源地国家的风俗文化。另外，毕业生还须具备创新意识，能灵活地处理突发事件和应对外国客人提出的要求。旅游服务业本身就充满变化，而涉外旅游工作中更是存在许多可变的因素，旅游服务人员必须具备较高的综合素质和较强的应变能力，才能适应工作的需要。

（二）高职旅游英语专业人才的培养途径

高职院校培养的是从事生产、服务、管理等工作的应用型人才，这就决定了高职旅游英语专业要把学生培养成"用得上，吃得开"的英语导游和涉外旅游服务人员。基于这样的要求，目前旅游英语专业教学中存在的问题应该从以下六个方面来进行改革。

1. 优化配置

高职旅游英语专业的课程体系和内容有其自身特点，课程内容要具有职业导向性。高职旅游英语专业的目标应定位在培养掌握旅游专业知识，具备英语听、说、读、写、译综合技能，尤其是口语交际能力的旅游英语人才。课程设置应该在重视对学生语言运用能力培养的基础上，确立以旅游职业岗位知识、技能为重点，以培养应用型人才为目标的原则。从旅游市场的需求以及毕业生的反馈信息来看，相当一部分学生的英语口语水平无法达到涉外旅游企业的要求。因此，应加大听、说技能的培训力度，将口语课贯穿于整个培养过程的始终；尽可能聘请来自英、美等国的外教担任口语课教师，让学生能够接受纯正的英语口语训练；在课堂教学方面，坚持把理论知识控制在够用的范围之内，强化英语导游、旅游服务等课程的情景模拟训练。

2. 强化实践

旅游英语专业要突出岗位技能的培养。改变传统的教学模式，把课堂教学和实践教学有机结合，尽可能地突出学习者的参与性、教学内容的实用性、教师作用的指导性以及教学方式的实践性，其核心是发挥学生的主体作用。通过组织有效的校内外活动来调动学习者的主动性和积极性，增强教与学的互动性。校内实践活动包括英语角、英语沙龙、英语演讲比赛、英语辩论赛、校园模拟英语导游等活动；校外实践就是和涉外旅游企业合作，让学生跟随外国旅游团，在资深英语导游的指导下亲身体验英语导游活动，或者到涉外旅游服务机构实习，与外国客人面对面地沟通，锻炼和培养学生的英语能力和职业意识。

3. 培养服务意识

高职旅游英语专业培养的人才服务于第一线，直接面对外国游客，他们也是外国朋友了解中国、认识中国的一扇窗口。因此，毕业生除了要有扎实的业务功底和熟练的工作技能外，还需要具备较高的情商。非智力因素在涉外导游和旅游服务工作中非常重要。它要求工作中必须诚实守信、热情大方、乐于助人、吃苦耐劳。要把"我为人人，人人为我"的服务意识根植于学生的脑海之中，必须在课堂上、活动中切合实际地引导他们，使他们热爱以优质服务为宗旨的涉外旅游服务工作岗位。旅游业的经营重点是优质服务，具有良好的服务意识是创立优质服务品牌的前提和基础，是行业发展的根本。

4. 培养创新能力

旅游服务业是一个充满活力、充满挑战的行业。客源来自五湖四海，文化背景多种多样，服务方式更是动态变化的，旅游业呼唤创新型人才。创新能力每个学生都具备，但只有在适宜的条件和环境下才会被激活。在日常教学中，要采用多种方法来启发和激活学生的创新意识和潜能，如组织英语演讲比赛、英语辩论赛、话题讨论、个人主题报告、讲故事、项目策划等活动。教学也是培养学生创新意识的重要途径，通过分析成功或失败的涉外旅游服务案例，可以让学生从案例的解决方案中体会到创新的必要性，享受创新的乐趣，激发他们创新的热情。创新服务内容，在服务中再创新是旅游服务行业永恒的话题。

5. 提升师资力量

旅游英语专业的特点要求教师不仅要有扎实的英语语言功底，而且要具备与行业有关的业务知识与基本技能，即旅游英语的复合教学能力，也就是"双师素质"。由于旅游专业是应用性、实践性很强的专业，因此培养"双师型"师资队伍，提高教师的复合教学能力是非常重要的。"双师型"教师能很好地把握知识传授、能力培养和实际工作需要之间的关系，敏锐地抓住行业发展的动向，使教学更加贴近实际，使毕业生迅速胜任岗位需要。高职院校要加强对现有教师的培训力度，有计划地安排旅游英语专业教师到旅游企业顶岗实习，掌握实际技能；还要聘请涉外旅游企业高管来学校为教师提供短期培训，讲授涉外旅游市场的最新动态，或者到校兼职担任实践课教学任务，直接对学生进行实际工作技能的培训。

6. 开发特色教材

结合地方旅游资源的特色，开发校本教材，也是职业教育服务地方经济的体现。校本教材能够激发学生学习的热情和求知欲，也能为实习实训工作提供便利。

高职旅游英语专业是发展前途广阔、需要不断改革和创新的朝阳专业。我们要开门办学，向行业学习、向市场学习，注重来自旅游行业第一线的信息，把课程设置、教学理念、教学方法、校本教材建设、教师专业发展等工作置于动态发展的环境中去思考。既要抓好英语语言基础教学，也要抓好旅游专业技能培养，加大实践性教学改革的力度，实施全人教育的教育理念，培养涉外旅游服务业所需要的高素质技能型人才。

二、高职英语教育专业建设

教师职业技能是衡量教师职业能力的重要指标，也是教师专业能力的核心内容之一。它不仅关系到人才培养目标的实现，还是师范专业学生考取教师资格证书的必要条件，同时影响着高职院校就业率的提升。本节针对目前高职英语教育专业建设的相关问题进行探讨，提出相应的建设路径，以期提升高职学生的职业技能，为以后学生走上教学岗位奠定坚实的基础。

（一）高职英语教育专业特点

1. 人才培养目标特点

高职英语教育专业的人才培养目标定位如下：具有良好的政治素质、职业道德和敬业精神；具有创新意识和团结协作精神；具备一定的基础知识和足够扎实的英语语言专业知识；具有较高的英语听、说、读、写、译专业技能和较强的英语教学、教育科研等实际工作能力，可直接从事英语教学或教育行政管理工作的初等英语教育应用型人才。

2. 人才培养方式特点

高职英语教育专业以能力为本位、以综合职业能力为主线，构建课程体系和设计教学计划，采取校企合作、工学结合等教学模式，将企业发展与人才培养相结合，着重培养学生的实践操作能力。在教育过程中强调理论与实践的结合，理论知识以"必需、够用"为度，技能训练必须放到极其重要的位置。

3. 课程设置与考核特点

高职英语教育专业是按照岗位、职业所需要的能力或能力要素为核心来展开的，或者说是以能力培养为中心来展开的，强调构建以职业能力为本位的课程模式。

（二）改革高职英语教育专业建设的重要性

现如今，随着社会发展的加快，特别是高职英语专业的要求相比之前有所不同，因此传统的高职英语教学方法已经无法适应社会的发展了。尤其在学生就业时，企业往往对学生应用英语的水平有着较高的要求，这也对高职英语教育专业的教学方法提出了新的挑战，需要进行重新调整。高职教育主要培养学生的操作能力和实践能力，英语教育专业也不例外，不仅要掌握单词、语法等内容，更要会说、会用。因此，英语教育专业要围绕培养学生英语运用能力这一要求，在英语实践和运用上不断下功夫，让学生真正学好英语、学懂英语，能够准确地运用英语，提升英语运用的能力和水平。因此，在新形势下，对高职英语教育专业课程体系的重新建构是非常必要的。

1. 社会需求

随着国际化的程度越来越高，人们在国际化的环境中进行交流时，官方的语言通常都是英语。几乎在学生学习的每个阶段都会设置英语课程。无论是考试还是日常运用，英语与我们的日常生产、生活都息息相关。它已经成为一种重要的交流工具。因此，对于学生，尤其是实用性非常强的高职教育阶段的学生来说，学好英语非常重要。

2. 就业优势

现在一些企业在招聘工作人员时，往往对应聘者的英语掌握程度有着很高的要求。有些学生将英语作为一门学科学得很好，但是不会应用所学的知识。有的学生甚至只会写、不会说，在英语口语表达上存在一定的欠缺。因此，高职英语教育专业的学生要按照课程标准的要求，不断提高英语技能，以使自己能够有更广阔的就业前景，并将所学的英语知识运用到实际工作中。

3. 改革当前弊端

高职英语教学专业主要是培养学生自觉运用英语的能力。但是，在目前的很多高职院校中，英语教学还存在着一些不足和问题。例如，有的学校在课程设置上不够科学，重视英语的知识点教学，却忽视实用英语教学环节；对课程标准中提出的一些要求没有落实到位；对高职英语教学中存在的一些突出问题没有进行及时有效的解决；等等。这些问题都在高职英语教学专业中不同程度地存在着，需要学校高度重视，同时对高职英语课程体系进行重新建构，实现教学方式与学生学习方式的不断优化，进一步丰富并完善高职英语的课程体系。

（三）高职英语教育专业建设与改革路径

1. 激趣教学法

激发学生的学习兴趣，是英语教师一个重要的任务，教师必须让学生认识到学习英语知识和英语技能的重要性。这就要求英语教师首先要吃透教材的内容，并且将与教材相关的拓展内容，如专业技能方面的知识、教材涉及的英语国家的礼仪习惯、各行业所涉及的人文环境等进行充分了解，将英语教材中的内容生活化、职业化，使学生们能够感受到书本内容的吸引力，以及英语学习和他们的真实生活、职业生活之间存在着密切的联系，从而激发出他们强烈的求知欲，使学生能够主动地将专业英语学习与专业技能学习结合起来，真正做到学以致用。

要积极转变传统教学的模式，有效运用新技术辅助教学。例如，网络信息技术、多媒体技术具有直观性强、知识量大的特点和优势，在教学中，教师可以充分借助它们进行教学改革。通过这些技术，教师能够很好地再现教学情境，在图像、音频、视频等的帮助下，设立出还原度很高的语言环境，从而对学生的视听感官进行有效调动，使学生获得更多生动、直观的体验。提高学生参与体验式教学活动的积极性和主动性，加深其对所学习知识的印象，可以使学生获得更多有价值的英语学习体验。

学校可以依托团委、学生会以及各种协会，有计划、有组织地开展英语演讲比赛、英语辩论赛等活动，由教师和一些英语水平较高的学生在校内开展英语角，带动其他学生积极参与，自由地进行讨论、辩论，并且适当地融入一些专业英语知识。这样既可以提高学生的口语水平，又可以提高学生的专业英语水平。为了使学生的英语能力与职业能力更好地融合，还可以举办各类相关专业的英语知识竞赛。

2. 充分发挥校内资源优势

在课堂教学中，教师要充分利用校内资源，努力提高学生的实践能力。校方则要积极争取更多的社会资源，从而使学生获得更多的实践机会。校企合作就是当前一种常见的教学模式，是高职院校进行职业技能实践的良好平台。我们要利用好这个平台，让学生走出去，在管理、生产实践中学习提高。同时，要尽可能地开拓与外企、合资企业的合作途径，给学生创造一个可以不断锻炼自己的英文语境，在这种环境下练习使用英文沟通交流，会取得事半功倍的效果。

学生能力的提高，又会进一步促进企事业单位与校方合作的意愿。通过如此的良性循环，校企合作程度、学生综合素质、学校的职业英语教育水平都会不断得到提升，从而形成双赢的局面。

3. 将知识水平与教学能力相结合

英语教育和职业能力的良好融合，需要教师具备高超的教学水平。高职英语教师与普通本科院校有所不同，除了基础知识的教授之外，还要掌握所教专业学科的相关知识，这样才能在教学中将英语与相关专业技能有效结合。此外，还要开展教学研究，以职业为特色，以就业为导向，针对传统教学中存在的各种问题进行思考和改革。教师可以定期或不定期地去校方合作单位进行实践活动，以此获得最新的市场信息，并了解企业最实际的用人需求，从而有效地将专业英语教育融入生产、管理、实践中；校方应当创造机会，让教师继续学习深造，并且要积极建设"双师型"的师资力量，从而更好地达到教学要求。

4. 制定相应考核制度

完善的考核制度是督促学生积极学习的有效方法。它可以有效地营造学习气氛，培养学生良好的学习习惯，也是检验学生学习成果的重要方式。但是目前的考试存在一定的片面性，只注重书本理论知识，而忽略了对实际应用的考核。每个学生的英语水平都不尽相同，专业技能也有高低，教师在平时的教学中要充分了解学生的综合能力，对其专业英语知识进行卷面考核，在专业技能考核方面也可以融入英语作答的成分，提高学生对于英语学习的积极性。这样做的最终目的是使学生积极主动地把英语知识和职业能力融合在一起，使两者成为不可分割的整体，从而最大限度地提高学生的英语水平与职业技术能力。

5. 建设实际可操的目标

相对于本科院校的英语专业（教育方向），高职院校的英语教育专业建设有其自身的特点。英语教育专业是为了培养适应英语教学活动需求的高技能型教育工作者，专业建设目标必须体现"学术性""专科性"和"职业性"三大特点，专业建设内容必须涵盖培养方案、课程建设、师资队伍、评价与考核机制、实践教学体系等涉及人才培养的所有环节。

6. 注重实践教学

英语教育是一个实践性很强的专业。实践教学是教师培养体系中极其重要的一个环节，应定期安排学生到学校进行教育教学见习与实践，检验所学的教育理论，在实践中训练和提高教育教学技能，解决所学的教育理论与教育实践之间的脱节，以及从教后教学经验不足与教学成效不佳等问题。

7. 完善课程体系

在高职英语类专业中，目前英语教育专业的就业形势是极为严峻的，主要原因是普通师范院校每年有大量英语专业（教育方向）的本科生毕业，他们在语言能力上具有一定的优势。想要使高职英语教育专业学生在激烈的职场竞争中赢得一席之地，重建英语教育专业的课程体系显得尤为重要，其关键是强化学生的教学实践能力。

8. 革新教学方式

课堂教学应以学生为主体、教师为主导，彻底改变过去以教师为中心的教学模式。教师的作用主要在于成为学生学习过程中的引导者、合作者、鼓励者和咨询者。无论是教育教学技能还是英语专业技能的提高，都要通过大量练习才能实现。因此，教师应当尽可能多地给学生足够的思考时间、活动空间以及表现机会，让学生大胆尝试，创造出一种和谐、民主、愉悦的学习氛围，最大限度地激发学生的学习动机，调动学生的学习积极性，让学生参与知识掌握和能力形成的全过程。

第三节 高职英语教学的课程设置

在高职院校中，英语教学活动通常以课程形式开展。因此，对课程的设置就显得尤为重要。

一、高职英语课程设置研究的主要内容

（一）对高职英语课程设置的研究

国内对课程设置的研究主要集中在基础教育这一板块，对高校课程设置的研究相对来说比较少，对高等职业教育课程设置的研究就更少了。虽然近年来高等职业教育得到迅猛发展，课程改革也在不断进行，但专门针对课程设置的研究主要集中在以下四个方面：

（1）高职英语课程的定位。

（2）高职行业英语课程开发的概念界定及理论依据、课程设置研究及实践。

（3）公共英语或专业、行业英语课程体系的研究。例如，以需求为导向的高职高专医护专业英语课程体系设计、基于工作情境的高职涉外护理专业英语课程设计与实施。

（4）高职院校英语项目化课程的开发与实践。例如，高职行业英语项目课程开发的实践策略、高职秘书英语课程中的项目化教学实践研究。

①MES 课程模式（Module of Employable Skill）是 2013 年全国科学技术名词审定委员会公布的教育学名词。

②双元制课程模式，就是整个培训过程是在工厂企业和国家的职业学校进行，并且这种教育模式又以企业培训为主，企业中的实践和在职业学校中的理论教学紧密结合。

③CBE 模式（Competency Based Education）实际上是一种以胜任岗位要求为出发点的教学体系。在西方许多国家的职业技术教育与培训中相当广泛地以胜任岗位要求为出发点来安排教学计划、组织教学与培训，在教育学的理论与实践的基础上逐步形成了 CBE 这种教学体系。

以就业为导向和建立项目化课程体系是高职院校英语课程改革的发展方向。结合文献分析来看，目前高职院校英语课程的研究主要是针对课程设置某一环节的研究，对课程设置的整体研究还不多，对目前高职院校已有的课程体系缺乏系统的分析。

（二）高职英语课程设置的原则

1. 以学生为主体原则

高职院校的英语课程设置应该以学生为主体，学生应该对课程的选择具有自主性。对于高职院校的学生来说，灵活性和多样性可以适应他们英语基础不同、发展需求各异的特点，从而改变学生被动地参与学习的状态，使学生主动自愿地参与英语课程的学习。

2. 同人才培养相适应原则

毫无疑问，在设置英语课程的时候，首先，不能和专业人才培养计划冲突；其次，课程的设置必须满足社会的实际需求，重点培养学生对英语知识技能的应用能力。鉴于此，在设置英语课程的时候，应该适当压缩基础课程，重视学生的实际应用能力，如直接开设写作课和口语课等。例如，针对经贸专业的学生而言，他们首先需要具备基本的商务写作能力，同时还应该具备搜集和学习其他英文资料的能力。鉴于此，在课程设置的时候一定要高度重视这些方面能力的培养，增加教学课时数量。

设置原则是课程设置的指导思想，是根据需要总结且能够作为通用性指导的标准。本节所涉及的原则主要包括目标性原则、有效性原则、适宜性原则、自主性原则和专业性原则。其中，部分具体内容如下。

（1）目标性原则

需要指出的是，相对一般的普遍高等教育来说，高职院校主要是为了培养专业型人才，为了更好地服务社会生产。高职学生学习英语不是为了做学问，而是为了从事有关实践和实用型技术工作。因此，高职英语教学须走"实际为重，实用为辅，适应需求"的英语教学之路。英语课程体系应将基础知识和实用技能相结合，在高职院校的英语课程设置上有别于普通高等教育。

（2）有效性原则

在高职英语教学中，应该把教学内容和个性需求融合在一起，从而积极地调动高职院校学生的学习有效性。根据外国学者的研究分析，外语学习过程中能满足学习者的需求，并且教学体系具备完整性和有效性，才能在真正意义上对学习者产生影响。因此，高职院校的英语课程设置应该从学生的实际出发，结合社会对英语技能的现实需求，为学生们提供系统又实用的英语课程帮助。

（3）适宜性原则

其一，过去一直沿用的教学模式千篇一律，而社会的多元化发展却十分迅速，这显然难以满足人才市场的实际需求，而且对于学生个性的发展是非常不利的。其二，各个地区文化教育的差异和不同高职院校学生的发展情况不同，导致他们在入校时英语水平参差不齐，这就说明高职院校应该设置多样化、按需所选的不同类别的英语课程。

（三）高职院校英语课程设置定位

英语课程的设置具有其特定性，定位的选择是根据课程内容和教学目标来确定的。高职院校英语课程的定位主要包括强化基础英语能力、开设市场需求专业课程、注重教学中的能力培养三种，每种都有其运用的重点。

1. 强化基础英语能力

听、说、读、写、译是英语学习技能中的几个重要基础，在英语课程设置中要突出重点，并且有针对性地提高高职院校学生的口语表达能力、英语写作能力和翻译的能力，以增强学生毕业以后在社会中的竞争实力。在英语学习中，一定要分配好基础语言、语言技能和实用型语言各项学时的比重。有了足够的教学实践作为支撑，学生便能够更好地掌握知识与技能，为后续学习和应用做好充分准备。

阅读是高职英语教学的一个重点，但是对于程度各不相同的入校新生来说，扩大阅读量和增加词汇量是他们在提高英语基础技能中要做的事情。对于已在高职学院学习了几年的学生来说，则应该鼓励他们多读名著原著。要把自己会讲的、会看的、会说的体现在作文中，并不是一件容易的事情。教师在课堂上除了传授给学生基本的写作技巧外，也要把写作方法教授给学生。要让学生区别考试型的作文和科研型的作文，并在大量练习中加强和提高写作技巧。从教师层面看，教师在教学过程中扮演着非常重要的角色，要把理论和实际充分结合起来，因此有必要提升课堂的活跃性。例如，教师在开展课堂教学的时候应该尽可能地活跃课堂气氛，通过个人演讲、角色扮演、团队合作等方式，调动每个学生开口说英语的积极性。在听力课上，教师不能让学生单纯地听听力教材内容，而是应该提前教授学生相关的知识背景，提供课外补充材料，使学生充分了解课本上的词句和内容，以便学生更好地完成听力练习；同时，教师要对学生强调课堂内外精听和泛听的重要性。

2. 迎合市场需要开设课程

现阶段高职院校在进行英语教学的时候，仅仅是把一些基本的理论知识传授给学生，而对英语方面的知识与技能传授较少，导致学生在学习了相关课程之后，能力并没有得到提升，甚至连简单的读写都存在困难。毫无疑问，这样的教学方法难以实现预期的人才培养目标，这也是困扰高职院校发展的主要因素之一。

3. 注重教学中的能力培养

在开展教学工作的时候，一定要和社会的发展和需求很好地联系起来，任何脱离了实际的课程建设都是无效的。因此，我们必须对现有的教学模式进行改进。不仅要让高职院校的学生掌握必备的基础理论知识，还应该让他们得到足够的锻炼，这样才能够提升学生的实际应用能力，让学生能够适应复杂多变的社会，满足社会对人才的需求。鉴于此，英语教学不仅仅是完成知识的传授，还应该让学生掌握有效的学习方法。这样，他们就能够自主地完成学习，轻松快速地掌握一门语言。事实上，这也是为了增强学生的文化素养。学生掌握了学习能力，即便是走出了学校，也能够迅速学习新事物。需要指出的是，无论是课程内容还是教学方法，对英语教学质量的提高都有十分重要的作用。鉴于此，我们首先需要设置合理的课程内容，选择科学的教学方法，按照既定的人才培养方案实施，根据实际需求来确定课堂教材。除此之外，在教学的过程中一定要重视学生的能力培养，最大限度地激发学生的创新思维，让学生主动参与课堂教学，成为课堂的主体。除此之外，还应该为学生提供听说读写的情境，增强学生对语言的实际应用能力。

(四) 高职院校英语课程设置内容

1. 课程的内容与基本要求

高职院校英语课程教学应以《高职高专教育英语课程教学基本要求》（以下

简称《基本要求》）为依据，在词汇、语法、听力、口语、阅读、写作和翻译等方面达到《基本要求》所规定的指标。根据学生入学时的英语水平，尊重学生个体差异，实施分层次教学、差异教学，对基础较差的学生可适当增加语法、语音等方面的教学内容。在完成规定的教学任务后，学生的英语能力应基本达到 B 级的要求。在实施英语教学的过程中，教师要始终贯彻"培养应用型人才"的教育方针，明确"以应用为目的，实用为主，够用为度"的教学方向，秉承"打好语言基础"与"培养应用能力"相结合的教学宗旨。

2. 重难点的应对办法

高职英语课程是一门语言基础知识和技能并重的公共基础课，教学的主要目标在于培养学生英语综合应用能力特别是听说能力，使他们在今后的工作和社会交往中能用英语有效地进行口头和书面的信息交流。母语环境下所有外语教学的重点和难点，就是要将难以完全系统化、明晰化的语言知识转化为语言技能。因此，高职英语教学的重点和难点就是促进语言知识向语言技能的迁移，主要从以下四个方面进行探索和实践。

（1）扭转教学观念

运用"以学生为中心，以培养能力为重点，全面提高学生的文化素质"的教学思想，突出学生的参与性、教学内容的实用性和教学方式的实践性。以学生为主体，在关注群体发展目标的同时，注重个体差异，为学生提供个性化的学业帮助。

（2）革新教学方法

通过了解、分析高职学生英语学习的心理特点和学习规律来加强对学生的学习方法指导。在课堂上努力调动学生的积极性，鼓励他们参与课堂活动。采用以"学生为中心"的教学模式和方法，设置形式多样的课堂活动，使学生在听、说、读、写、译等多方面综合发展。同时，鼓励学生掌握学习方法、转变学习角色，变被动学习为主动学习，积极参与课内外的英语学习活动。

（3）运用新型教学手段

将现代信息技术、多媒体技术和网络技术引入英语教学，可以极大地促进高职英语教学在教学思想、内容、过程和方式等方面的变革，有助于培养信息社会所要求的具有高水平的语言运用能力的人才。更为重要的是，运用多媒体教学手段能增加课堂的信息量和学生接触声音、图像的机会，使语言学习更形象、直观，能拓宽学生的视野和知识面，还有利于克服目前存在的应试教育的一些不利因素。而利用网络学习平台可以加强师生、生生之间的交流互动，增加学生的语言输出量，提高其语言使用能力。

（4）创建良好环境

努力创建一种全方位的英语学习环境。在这种环境和氛围中，从大一开始就让学生有计划、有安排、有目的地参与语言知识的学习、语言实践的自主学习、第二课堂活动，使他们有意识地进行语言技能的训练，注意发展自身的某一种或多种技能，把学习过程变成在教师指导下的自我发展历程，为以后进一步的语言运用打下坚实的基础。

3. 实践教学的设计思想与效果

高职公共英语的主要教学目标就是培养学生运用英语进行交际的能力，它是一门以习得语言知识为基础、以培养语言能力为目标的实践性很强的课程。但由于课时有限，仅仅依靠课堂教学来实现语言知识转化为语言技能的目标显然是不现实的，而且难以得到全面巩固、消化和吸收。因此，高职英语实践教学体系的建立非常必要。要建立高职英语实践教学体系，就要做到以下几个方面。

（1）利用实践教学的思想

实践教学的设计要基于学生英语综合应用能力的培养，特别是听、说、译等能力。实践教学的目标在于培养学生自主学习能力以及提高其综合文化素养，以适应我国社会发展和国际交流的需要。实践教学的设计要始终突出学生的主体地位，灵活运用多种先进的教学方法和教学手段，有效地调动学生学习的积极性，促进学生主动思考，激发学生的潜能，注重对学生知识运用能力的考查。

（2）利用实践教学的组织形式

实践教学的组织形式包括英语演讲、角色扮演、短剧表演、网上英语讨论、导游实践、英语读书报告会、英语演讲比赛、英语晚会、英语角、英语讲座、社会调查等。

（3）发挥实践教学的效果

丰富多彩的实践教学活动，能为学生创造更多的互动交流的机会，营造良好的英语学习环境与氛围，激发学生学习英语的积极性。通过参加各种实践活动，学生的自主学习能力可以得到显著增强，语言实际应用能力得到明显提高，还可以培养发现问题、分析问题和解决问题的能力。

4. 培养要求

掌握实际使用语言的基本技能，特别是使用英语处理日常和涉外业务活动的能力，能正确处理听、说、读、写、译之间的关系，各项语言能力协调发展。

5. 教学方法

高职公共英语课程以课堂教学为主，教师在教学过程中应注重听、说、读、写、译等的结合，根据实际情况采用多种教学方法，使教学更加生动有趣。

（1）基础与能力并重

打好语言基础是教学的重要目标，但打好基础要遵循"实用为主、够用为度"的原则，强调语言基础和语言应用能力并重。在教学过程中，教师要注意将语言知识的讲授与实践相结合，根据循序渐进的原则，在不同阶段对学生的听、说、读、写、译等方面的能力进行有针对性的训练。

（2）调整测试内容

语言测试应着重考核学生实际运用语言的能力，为教学改革和语言学习提供积极的反馈，为提高教学质量提供有效的保障。

（3）注重学生间的差异

不同专业和不同班级学生的英语基础存在较大差异。职业高中或中专升入高职院校的学生，其英语基础普遍比普遍高中毕业生弱，工科专业学生的英语基础相对比文科专业学生弱，艺术类专业的学生英语基础更为薄弱。在教学中，教师应根据不同班级学生的英语水平因材施教，适当增减教学内容，避免教学中出现"一刀切"的现象，以求达到最佳教学效果。

（4）注重以学生为中心

在教学过程中，在发挥教师指导作用的同时，应重视学生的主体地位，形成师生互动的双向交流。要激发学生参与课堂活动的积极性和主动性，提高他们学习的自觉性和自信心。要注意面向全体学生，以人为本、因材施教，同时结合语言教学的规律，加强学生的素质教育。

（5）使用现代化手段教学

为了打好语言基础，培养语言运用能力，提高文化素养，在教学过程中，应以教材为纲，积极采用现代化的教学手段，如录音、录像以及多媒体教学光盘、课件等，形象、直观地向学生展示英语在实际交际中的运用，营造良好的英语学习氛围，开展双向或多向交流，进行大量的语言实践训练，提高学生综合运用英语的能力。

二、职教改革大背景下高职英语教学与专业课程的融合路径

职教改革大背景下，职业教育更加注重产教融合，以为产业发展提供有能力、高素质的技术技能人才为发展目标，因此要求在进行高职英语教学与专业课程的融合时，明确各个阶段的主要任务、教学过程中的主要问题，制定对应的融合路径，在融合过程中总结经验，提升融合实效，为学生构建一个更佳的学习环境。

（一）高职英语和专业课程的特点

1. 高职英语特点

高职英语教授的多是学生以后在实际工作中可能涉及的英语知识，力求让学生能够学以致用，提升竞争力。但就当前的高职英语教学现状来说，教师多基于英语教材展开教学，注重理论知识与应试教学，对学生未来的专业发展促进作用并不明显。

2. 专业课程特点

专业课程特点集中在以下两点：其一，突出技能主导地位。高职大多课程主要是培养学生的专项技能，且需要学生学懂学精，为社会提供区别于普通技术工的高素质技能型人才；其二，动态补充性。高职课程主要针对的是各项从事一线生产的内容，而这部分内容处于变化状态，因此须对其进行不断的补充，才可使其满足社会所需。

（二）高职英语教学与专业课程融合的重要意义

两者相融合的重要意义主要体现在两个方面：其一，能够强化学生的英语实

际应用能力。当今社会，众多职业面临着全球化的洗礼，使得很多行业、岗位对应聘者的英语水平有了更高的要求，甚至有部分企业提出硬性标准，必须是英语四级或者六级。因此，加强英语教学与专业课程的契合，才可使学生在就业竞争中占据有利地位。其二，能够促进学生专业素养的提升。一些专业不但包括各种理论知识，还包括一些文化知识，比如在进行商务英语学习时，通过"Community Life""Medical Care""Focus on Quality"等单元的多主体融合，能够让学生多维度认识了解不同文化背景下的礼仪、社交及基础生活状态，从而更好地适应工作中的交流沟通，对学生的未来发展来说意义非凡。

（三）高职英语教学与专业课程的融合路径

1. 英语课程与专业课程"微观"对接

职教改革，要求在专业教育中融入行业、企业，在互利合作中实现双赢，从而提升学生的核心竞争力，因此建议教师应注重英语课程与专业课程"微观"对接，让学生提前适应职业环境，推动其长远发展。

（1）在课程结构中融入专业词汇

苏教版英语教材开篇即是"问候与介绍"，随后则是天气、时间、娱乐、文化等内容，通常会粗略涉及教师、医生、经理等职业内容，但若是会计专业的学生，其在毕业后的工作中基本上很少用到这类基础词汇。针对这种情况，要求教师能够根据学生的专业课程进度，同步契合一些与其课程相关的内容。如可从以下两点着手：其一，在苏教版第七册"Inside a Company"单元学习中，可融入现金出纳、成本会计、主办会计、总账会计职业等，在"Warm-up"环节设计来访人员的预约对话；也可在"Reading"环节，针对会计课本上不同的"Delivery Order"进行对比和翻译，及时熟悉对应的英文词汇与内容，不断地与专业课程关联，提升学生学习实用知识的兴趣和能力。其二，在教学互动中，要求学生用英语进行专业介绍时，不应只停留在"我学习的是会计专业"等简单知识，可让其就所学专业来介绍，如："The accounting major is mainly about basic accounting, accounting principles, financial management, etc. My plan is to make good use of the study time to solidify the foundation of accounting knowledge, learn various accounting skills, and then pass the entrance examination as a junior accountant, and engage in accounting-related work after graduation."在学生进行专业介绍时，其他学生则负责分析学生英语表达方式的对错，以及对 accounting、junior accountant 等专业词汇应用的准确性，并对其加以纠正，以此来提升学生的专业英语表达能力，实现英语教学与专业课程的逐步融合。

（2）在语言词汇讲解时融入专业基础词汇

在英语基础课教学时，教师常常会受限于教材内容和课本形式。针对这种情况，建议教师在训练词汇语法时有意识地融入不同专业情境中的相关词汇内容。以 divide into 为例，其意思是"分成，分为"，若是传统课堂，会按照如下方式举例："Students, please feel free to divide into five groups to discuss and study."而若是引入专业情境，结合本校园艺技术专业课程进行授课时，可如下举例："Gardening techniques are divided into fruit tree gardening, vegetable gardening and ornamental gardening."让学生在举例的同时将专业知识联系起来，从而能够直接关联学生的课程学习，给其全新的体验，在具体的情境中提升其学习效率与效果。

2. 优化教学方法、创新教学模式

教学方法的单一性亦是阻碍英语课程与专业课程融合的重要原因，针对该种情况，要求英语教师优化教学方法、创新教学模式。把握以下重点内容：

①职教改革大背景下，学生的就业趋向发生了一定的变化，因此有必要分析学生以后的就业趋向，结合其岗位需求来进行教学计划的制订与调整。这要求教师能在日常教学过程中注意学生的发展规划、专业规划与学习水平等，对其未来发展有基本的把握，并注重与学生的沟通交流，明确其可能进入的行业、企业以及心仪的岗位等，然后能够结合相关企业的工作任务与工作流程，重组并优化教学内容，结合教材各个单元的话题展开教学项目设计，有效地结合项目技能点、职场情境，实现学习任务、工作任务的有效协调，对接学习流程、工作流程，真正将"学"和"用"进行融会贯通，达到相互促进的目的。教师可选择在具体的教学时，引入相关企业的规章制度、工作流程、相关要求等，让学生以英文交流的方式来加以探讨，或者是以角色扮演的形式来展开对话，比如结合汽车运用与维修技术专业来要求学生作为汽车维修工与客户进行英语对话，并可利用多媒体为学生创建情境，如："Repairman: Excuse me, sir, is there anything I can help you with？Customer：My headlight is damaged，can it be repaired？Repairman：Yes，just a moment please！"学生通过具体场景中的英语问答，熟悉该专业可能面临的工作场景，利于培养其职业精神，提前适应工作氛围，且该种教学方式能够让学生在英语课程学习时直接联系其专业课程，这对其后续的职业发展来说有着积极的作用。

②要求英语教师能够在熟悉学生所需专业的同时，与对应专业课的教师达成共识，形成教育共同体，比如英语教师在制订教学方案时可参考学生的专业课程学习进度与内容来选定特定材料，使得这部分材料能够跟学生的专业课程有所关联。英语教师还需要及时地向对应专业课教师请教，以此在英语课程教学中融入各种专业知识内容，提升专业课程与英语课程的关联性。此外可根据专业课程体系来构建英语教学体系，并以此来调整英语教学目标、流程与重难点，降低学生的英语学习压力，使其能够有侧重性地进行英语学习，这对于其今后的专项发展来说有着积极的意义。

3. 循序渐进完成英语教学与专业课程融合

职教改革大背景下，要求英语教学与专业课程融合，以此来提升学生英语学习的实用性，在融合过程中应注意以下内容：第一，教师能把握好教材难度，选择符合学生学习规律、专业课程特征的英语知识，并符合高职人才培养标准与要求，有效地反映新材料、新工艺、新技术、新理念。在进行阅读训练时，选取的文章应具备一定的梯度，篇幅不宜过长、通俗易懂，最好能自成体系。第二，若是缺乏适当的教材，教师可针对专业课程特征，在与专业教师沟通的基础上，选择适宜的内容自编讲义，循序渐进，为学生提供更佳的学习环境，稳步推进融合过程。第三，教师应该加强学生反馈并对教学效果进行收集、分析，思考融合过程中的障碍与不足，比如所选教材是否较难、是否难以提起学生的英语学习兴趣、考核评价是否缺乏合理性等，针对各项问题来制定对应的解决策略，以此来提升融合教学的针对性。第四，多元化的考核评价。传统形式单一的考核评价逐渐呈现出片面性特点，针对该种情况，要求教师引入多元化评价手段，从学生在融合学习过程中的态度、积极性、团结协作程度等多个方面来对其加以评价，给予其适当的鼓励，以此来引导其更好地开展后续的系统化学习。

4. 发挥职教改革积极作用

建议高职英语专业教师从以下多个方面来发挥职教改革积极作用，推动高职英语教学与专业课程的融合：其一，要求英语专业教师加强对各种职教改革政策、方案、文件的研究学习，理解其具体含义与内涵，并使其反馈到英语教学与专业课程的融合过程中；其二，要求高职英语教育与专业课程融合时，结合高职院校的实际情况与职业教育的要求，确保学生能够在学习和工作的过程中随时用英语进行交流，培养学生学以致用的能力。

第三章　高职英语文化教学

第一节　高职英语文化教学简述

语言与文化的关系密不可分。因此，教师在英语教学中不仅要向学生传授语言基础知识、语言技能，还必须重视文化教学，使学生了解和掌握相关英语文化知识。只有这样，学生才有可能真正学会一种语言。

一、文化教学的定义

外语教学中的文化教学是指在外语教学中将语言教学与该国的国情、文化知识及语言所包含的文化背景知识融为一体的教学形式与方法。文化教学不仅指与人们交际或外语教学有关的文化知识的传授，而且包括研究两种语言文化的相同之处和差异之处，培养学生对文化差异较高层次的敏感性，并将其用于实际的跨文化交际中，从而实现交际能力的提高。

我国的《高职高专英语课程标准》明确提出：要拓宽学生的文化视野，发展学生的跨文化交际意识和基本的跨文化交际能力。可见，文化意识得到了国家教育部门的高度重视，不但被列入英语教学的内容标准和目标要求，而且在目标描述和内容标准中详细描述了文化意识的具体内容。

文化意识是指学习者对目标语文化的社会规约、价值观、信念等的知晓。根据人们对文化的知晓程度，文化意识可以分为四个层次。在第一个层次，学习者对于明显的文化特征虽然有所了解，但认为它奇特不可理解。在第二个层次，通过文化冲突，学习者了解到与自己文化明显不同的某些有意义、微妙的文化特征，但是仍然不理解。在第三个层次，学习者通过理性分析，了解那些微妙、有意义的文化特征，并从认知的角度认为可以理解。在第四个层次，学习者通过深入体验所学语言的文化，学会设身处地地从目标语文化的视角看问题，达到视其所视、感其所感的理解。

根据文化意识所划分的四个层次，文化教学应该包括以下两个层面：

1. 文化知识。文化知识是指学习者需要了解的有关语言文化的知识，包括衣食住行、风俗习惯、生活方式、行为规范等知识，具体如教材或其他学习资源中出现的人物、历史、地理、文学、风俗、艺术等知识。文化涉及的内容很广，因此文化知识也纷繁复杂。学生的文化知识，简单来说，就是对某种文化现象的知晓。

2. 文化理解。20 世纪 90 年代，外语教学界在提出了文化知识传授的基础上，对外语教学提出了进一步的要求，即文化理解。文化理解是指学生对中外文化及其差异的理解过程或理解能力，它主要指以下两个方面的问题：

一是对具体的、个别的文化知识或文化现象进行理解，了解文化知识或文化现象的背景、渊源、文化含义等，并了解该文化知识或现象所反映或所代表的道德观、价值观、人生观等。

二是把文化看成是一种客观存在。文化没有好坏之分，但是在每一种文化中精华与糟粕并存。我们没有必要去对文化评头论足，但是可以并且有必要有选择地传授文化知识。一方面，我们要采取一种客观的、宽容的态度对待异国文化，避免拒绝任何异国文化的狭隘的民族主义态度，避免用我们自己的文化、道德、价值观作为标准去衡量、评判异国文化；另一方面，在学习异国文化的同时，还要坚持自己的优秀文化传统，避免盲目地追随、模仿异国文化，还要比较两种文化的异同，使自己在跨文化交往中能恰当地、得体地进行交际。

通过以上两方面文化理解的问题可以得知，在文化教学的过程中，一方面，教师要引导学生正确地理解外国文化现象、文化知识，既把外国文化视为与本国文化相平等的主体，又要承认两者之间的差异，同时要认识到对文化的理解没有绝对的答案，学生可以有不同的理解。另一方面，教师要让学生认识到，本国的文化知识是理解外国文化的基础，如果学生对本国文化缺乏认识，就很难在英语文化教学中做到文化理解。有的人认为，只有正确理解外国文化，才能理解外语并恰当地、得体地使用外语，因而学习外语与本国文化没有关系。实际上，在文化教学中，能否正确理解外语并恰当、得体地使用外语，在很大程度上取决于对本国文化与外国文化的差异的了解程度。因为了解本国文化不但能够帮助我们更加深刻地理解外国文化、提高对外国文化的鉴赏能力，而且可以使我们更准确、深刻地认识两者的异同，最终达到提高对外国文化的敏感度的目的。

综上所述，文化理解是指在文化学习的过程中理解其内涵，然后转化成自己的行为举止，建立起文化意识。所以，掌握文化知识仅仅是学习文化的开始。文化教学应该以提高学习者的交际能力为目标，从掌握文化知识开始，培养文化意识，最终达到文化理解。

二、文化教学的重要性

（一）文化教学是语言教学的一部分

文化教学是英语教学的重要内容之一。传统的英语教学包括四个方面的基本内容，即语音、语法、词汇、修辞。这也是英语语言的四大要素，同时也是我国英语教学的中心任务。但是，仅仅掌握以上四个方面的内容只是掌握了语言的部分内容，并非掌握了语言的全部内容。这是因为语言与文化紧密相连、密不可分。

任何语言都是某种文化的反映，语言作为文化的载体，是文化的一部分，是文化的传播工具，有着丰富的文化内涵。英语也不例外。学生如果仅仅学会英语的语音、语法、词汇、修辞，却对英语语言所承载的文化缺乏了解，就很难完全理解、正确使用英语。因为语言是文化的产物，又是文化的一种表现形式，语言的使用一定得遵循文化的规则。换句话说，文化决定思维，文化决定语言的表达方式。

综上所述，语言与文化是密不可分的，两者相互影响、相互作用。语言渗透于文化的各个层面，是文化不可分割的一部分，因此语言的学习不可能脱离文化而单独进行，外语教学从某种程度上讲就是文化教学。

（二）文化教学是实现跨文化交际的关键

英语教学的最终目的是发展学生的英语交际能力。近年来，随着我国与世界各国之间的关系日益密切，英语的作用也日渐突出，社会对英语人才的需要也变得十分迫切。在这种形势下，教师在英语教学中，不仅要向学生传授语音、词汇、语法等基础语言知识，培养学生的听、说、读、写、译能力，还要向学生传授英语的背景文化知识，包括历史、地理、风俗习惯等，特别是要引导学生了解中英文化的差异，最终培养学生的跨文化交际能力。

(三) 文化教学是素质教育的重要组成部分

在不同的时代，社会对外语人才的要求会有所不同，因此不同时代的外语教学要求也会有所不同。21 世纪，英语教学的趋势是培养学生的综合素质。从某种意义上来说，学习一种新的语言，就是掌握一种新的交际技能，也是了解一种新的民族文化。学生通过对中西方文化的对比、分析，不仅能够比较客观、全面地认识英语文化的要素，而且能以新的洞察力重新审视、认识本民族文化，进而在国际交往中做到知己知彼。只有这样，学生才能具备较强的国际理解力和国际竞争力，才能在经济建设中起到桥梁沟通作用，积极有效地推进我国与世界各国之间的交流与合作，促进我国的经济社会发展。

此外，教师在英语教学中进行文化教学时，还应注意平衡地介绍中外文化。既要介绍西方文化中优秀的文化，也不能忽视自己民族文化中的精粹，而且通过学习国外文化，应该对自己民族的文化有更深刻的认识。这样，学生将来不仅能适应国外的文化环境，更能把本民族中的优秀文化传统介绍到国外，促进国际文化交流，为世界文化的繁荣发展做出贡献。

(四) 文化教学是促进国际交流和合作的需要

外语教学的根本目的是与不同文化背景的人进行交流，促进、加强中国与其他国家的对话与合作。在全球经济一体化的今天，文化领域的相互交融也不容忽视。因此，提高学生的外语交际能力，既是中国国民经济发展的迫切需求，也是中国教育改革的一项紧迫任务。所以，我们需要认识到，外语教学是跨文化教学的一环，应该把语言、文化、社会视为一个密不可分的整体，并在教学大纲、教材、课堂教学、语言测试、课外活动中全面反映出来。

第二节　高职英语文化教学的目标与内容

高职英语文化教学的目标与内容对文化教学的开展有重要的指导意义，对文化教学的效果也有重要影响。下文将介绍高职英语文化教学的目标和内容。

一、文化教学的目标

（一）我国学者对文化教学目标的研究

我国众多学者也对我国的外语文化教学的目标进行了研究。下文将对其中几种观点进行介绍。

①对于我国广大学生而言，外语教育的目的不仅仅是工具性的，也不仅仅是为了学会应对生存的交际技能，更不是为了将中国学生变成西方人，而是从总体上提高学生的社会文化能力。外语教学的目标分为微观、中观和宏观三个层面。其中，微观层面的外语教学的目的是交际能力；而宏观层面的外语教学的目标是社会文化能力，即运用已掌握的知识、技能对社会文化信息进行有效的加工，使学生的人格更加完整，潜能得到更充分的发挥。其中，社会文化能力具体又由语言能力、语用能力与扬弃贯通能力组成。

②培养学生的跨文化交际能力，应该以人的建设为根本、以人格的基本取向为目标。人格的培养应该通过具体的教学或训练内容、材料、活动来进行，而不应该是空洞枯燥的道德说教。另外，"是什么"和"成为什么"远比"了解什么"和"做什么"重要，也即"道高于器"。总之，文化教学重要的是将跨文化能力与人的素质培养这一整体教育目标有机地结合起来。

③工具观的文化教学重点主要在于扫除那些语言理解困难的文化障碍，而忽略了对形成价值观念取向影响至深的文化命题。因此，应把文化教学从狭隘的工具观中解放出来，并将其上升为外语教育培养目标的组成部分，从而在文化教学中帮助学生在学习、掌握外语的同时形成符合时代和社会要求的世界观、价值观和价值体系。

除了强调文化教学与培养学生人格、价值观的关系外，学者们还指出应培养学生在真实的交际中、在理解和运用的基础上的创新能力。文化教学的目标应该是培养学生的文化创造力。文化创造力是指外语学习者在跨文化交际的实践中，掌握、运用外国语言文化知识，并与本国文化相互作用而产生的一种创新能力。文化创造力是学生的一种能动性，一种主动从外国文化的源泉中摄取新东西的能力。另外，从长远的角度看，文化教学除了是语言教学的目标，更是帮助学生获取文化创造力的手段。

综观我国学者对文化教学目标的界定，可以看出学者们已达成以下共识：外语教学中的文化教学不是除了听、说、读、写、译等技巧以外可有可无的另一种技巧，而是对语言学习有着重要影响的学习内容。同时，学者们以广阔的社会为着眼点，把文化教学与学生综合素质的提高结合起来，认为文化教学的目的绝不仅仅是帮助学生掌握一门外语，更重要的是帮助学生形成正确的世界观和人生观，适应世界的发展。

（二）我国高职英语专业的文化教学目标

（1）入学要求：对中国文化有一定的了解；有较扎实的汉语基本功；对英美等英语国家的地理、历史和发展现状有一定的了解；掌握基本的数理化知识。

（2）二至八级的要求：熟悉中国文化传统，具有一定的艺术修养；熟悉英语国家的地理、历史、发展现状、文化传统、风俗习惯；具有较多的人文知识和科技知识；具有较强的汉语口头和书面表达能力；具有较强的创新意识和一定的创新能力。

二、高职英语文化教学的内容

英语文化教学无论是从全球性文化还是从同一文化的不同层面来看，其内容大体可概括为言语文化、非言语交际文化及交际环境文化三类。下文将对其进行介绍。

（一）言语文化

1. 与语音有关的文化内容

语音是语言的三大重要因素之一，因而是语言学习中的重要内容。而一种语言的语音不仅能保证使用该语言的人能相互交际，而且能显示出说话人的文化特征。因此，语音所体现的文化，也是英语文化教学中的重要组成部分。例如，美国人讲话时习惯慢吞吞地拖出声音，或者多带明显的鼻音，而英国人则没有这一特点。说话人的语音不仅能显露其区域特征，而且还能够反映其社会地位特征。

例如，英国的皇家贵族、上层人士，无论在什么地区都把讲 RP（Received Pronunciation）当成自己社会身份的象征，因为这种发音在历史上有 King′s English（国王英语）、Queen′s English（女王英语）、Oxford English（牛津英语）之称，而老百姓则大多喜欢讲地方方言。如果一个高级职员讲地方方言，就会显得粗俗，有失身份；而如果一个搬运工讲 RP，就会被笑话为"装模作样"。因此，我国学生有必要学习英美的语音文化，学会通过语音识别一个人的文化背景，从而有助于跨文化交流的顺利进行。

2. 与词汇有关的文化内容

词汇是最明显的承载文化信息、反映人类社会文化生活的工具。词汇中的成语、典故、谚语等更是与文化有着密切的关系。教师在文化教学中要充分挖掘英语词汇的文化内涵，归纳、总结、对比这些词语与汉语词汇含义的文化差异。例如，英语中的 green 可以用来表达"嫉妒"的意思，而汉语则用"红眼""眼红"表达"嫉妒"的含义。对于这一类具有文化内涵的词语，教师应着重介绍或补充与之相关的文化背景知识，在必要时还可以将其与汉语文化进行比较，使学生不但知道它们的表层词义，更能了解其文化内涵，学会真正得体地使用这些词汇。

3. 与语法有关的文化内容

语法是语言表达方式的小结，它揭示了连字成词、组词成句、句合成篇的基本规律。文化背景不同，语言的表达方式各异。因此，教师在文化教学中应该注重挖掘语法所承载的文化，引导学生通过语法学习，理解英美国家的文化。

首先，英汉语言语法的逻辑形式结构体现着英汉民族的思维习惯。英汉语言的逻辑形式结构表现在英语重形合，汉语重意合，这是因为西方人重理性和逻辑思维，汉民族重悟性和辩证思维。英语重形合，是指英语注重运用各种连接手段达到句子结构以及逻辑上的完美。例如，要表达"他是我的一个朋友"，用英语不能说"He′s my a friend."而应该说"He′s a friend of mine."，后一个句子中双重所有格的使用准确地体现了"他"与"我的朋友们"之间的部分关系。而汉语则未必如此，"打得赢就打，打不赢就走，还怕没办法？"这一句话看上去像是一连串动词的堆砌，这几个短句之间也没有任何的连接词语，但实际上其上下文的语意使它们自然地融为一体，这体现了汉语重意合的特点。

让学生了解西方人重理性和逻辑思维、汉民族重悟性和辩证思维这种思维习惯上的文化差异，并体会其对语言表达方式的影响，对于学生学习英语语法、减少 Chinglish（中国式英语）的错误是非常有帮助的。

其次，语言的语法还与心理、社会因素有关，因此，教师在教授语法知识时应该介绍与其相关的心理、文化因素。语法是语言在交际过程中逐渐形成的语言使用规律，因此必然会受到语言使用者心理上、社会上的影响。在英语教学中，如果学生忽视了语法的心理因素、社会因素，就难以理解语言中一些特殊表达方式和习惯用法。例如，英国人说 "I was scolded."，中国学生则往往使用 "Some people scolded me."，以主动语态代替被动语态，其原因在于在中国人眼里，施事者的形象比受事者突出。可见，文化背景不同，思维方式就不同，因此语言表达也不同，而句法结构也就随之不同。因此，教师在介绍某些句法结构时，应同时介绍其语意和交际功能。如 "Would you please turn down the radio?" 并非表示疑问而是表示请求，这是因为按照西方人的风俗习惯，提出请求常用问句形式，以表示有礼貌；"Why don't you do something?" 形式上虽然是疑问句，但实质上是表示一种有礼貌的请求与建议；而附加疑问句 "Lovely day, isn't it?" 实际上是无疑而问，只是英美人引起话题的一种常见的方式罢了。

（二）非言语交际文化

非言语交际文化也是文化教学的重要内容之一。不仅言语行为传播着文化，有时非言语行为也在传递文化信息、表达思想感情。当然，非言语行为只有在一定的语境中才能表达明确含义，孤立地理解某一非言语行为的含义常常是难以奏效的。

非言语交际的定义有很多。宏观上讲，非言语交际涉及文化、民俗、社会学、人类学等众多领域，运用范围十分广泛，其语义也十分复杂。具体而言，"非言语交际指那些不通过语言手段的交际，包括手势、身势、眼神、面部表情、体触、体距等"。关于非言语交际的涵盖范围，其分类方法有很多。胡文仲教授从跨文化交际的角度出发，将非言语行为大致分为以下四大类：

（1）体态语。体态语包括基本姿势、基本礼节动作以及人体部分动作所提供的交际信息。

（2）副语言。副语言包括沉默、话轮转接和各种非语义声音。

（3）客体语。客体语包括皮肤的修饰、身体气味的掩饰、衣着和化妆等所提供的交际信息。

（4）环境语。环境语包括空间信息、时间信息等。其中，前两类称为非言语行为，而后两类则是非言语手段。

在文化教学中，教师在非言语交际文化的教学过程中应该注意以下三种情况：

①有些动作是某一文化中特有的。例如，在美国摇动食指（食指向上伸出，其他四指收拢）表示警告别人不要做某事或表示对方在做错事；把胳臂放在胸前，握紧拳头，拇指向下，向下摆动几次表示反对某一建议、设想或是强烈反对某人；压指甲表示有重大的思想负担、担心和不知所措。在中国用两只手递东西（即使可以用一只手拿起的）给客人或别人表示尊敬；说话时用一只张开的手捂着嘴，说明说秘密话。

②相同的含义在不同的文化中行为不同。例如，同样是表示不知道、为难、不赞成等含义，西方人喜欢耸肩，而中国人则喜欢摇头或摆手；同样是叫别人"过来"，美国人喜欢把手伸向被叫人，手心向上，握拳用食指前后摆动；而中国人通常把手伸向被叫人，手心向下，几个手指同时弯曲几次。

③同一行为在不同文化中所表示的含义不同。例如，人们见了很小的孩子喜欢用手去轻拍、摸摸孩子，这样的行为让西方妇女感到十分别扭，因为西方文化中，这种行为是无礼的，会引起对方强烈的反感与厌恶，而在中国人看来，这一行为是表示对孩子的亲近和爱抚，表示对小孩的喜爱。

（三）交际环境文化

教师在文化教学中还应注意教授与交际环境有关的文化内容。因为它与不同交际场合、人际关系、礼仪习俗、价值观念等有着密切的关系，最容易引起跨文化交际的误解，因此这方面的内容在文化教学中十分重要。

与交际环境有关的文化内容，主要包括不同文化在招呼与问候、道谢与答谢、敬语与谦语、恭维与称赞、禁言与委婉以及称谓等方面语言使用的差异。因此，教师在教学中不仅要让学生记住相关的交际用语，还要指导和帮助学生总结归纳日常口语交际中存在的文化因素，使学生懂得相关的交际规则。例如，中国人在回答别人的称赞时往往过于谦虚，如人家称赞说你的外语说得很好。中国人往往回答"不敢当，还差得很远"或者"哪里，哪里，说得不好"以表示谦虚；而英美人则会直接用"Thank you."或"Thank you for saying so."等来回答。如果在与英美人士交际时按照中文的方式来回答对方的称赞，对方就会感到你认为他刚才说了假话，是虚伪的奉承。再如，中国人迎接远道而来的客人时常常会说"一路上辛苦了，累不累？"（You must have been tired after the long flight/journey.）。而外国人不喜欢被认为体弱，或有疲劳感，而喜欢在别人面前显得年轻、有朝气，因此使用"How was the flight?"或"Have you had a pleasant flight?"或"You have had along flight."等问候远道而来的客人才是恰当的。

西方人不喜欢将自己的意志强加于人，因此往往使用委婉用语"Would you mind doing…?"代替"You should do…"。在表达建议时西方人很少用祈使句，而用"How about doing…?"。即使是主动提供帮助时，西方人也显得很客气，使用"Would you like me to…?"表达提供帮助的意愿。

另外，英美国家人士认为年龄、收入、婚姻等涉及个人隐私，而询问个人隐私是不礼貌的行为，因此他们对涉及此类的问题比较反感。教师要让学生掌握西方人的谈话禁忌，使学生在交际中避免语用失误，更加得体地运用语言。

尽管文化内容大体可概括为言语文化、非言语交际文化及交际环境文化三类，但是实质上，文化的内容是纷繁复杂的，涉及的内容既包括政治、军事、经济、历史等大的方面，又包括社交礼仪、节日文化、禁忌文化等风俗习惯。在我国的英语文化教学中，由于学生的时间和精力都十分有限，不可能涉及文化中的方方面面，因而对于众多的文化教学内容需要有所取舍，只能有针对性地挑选部分内容进行教学。我国的英语文化教学重点教授与英美国家有关的文化内容，同时简要了解其他英语国家的文化，或世界范围内的文化。换句话说，由于学习西方文化的目的归根结底是为了更好地与具有西方文化背景的人进行交流，所以在文化教学内容的选择上，教师应该选择容易掌握、适于学习、实用性强的文化知识和文化技能进行教授，比如英美国家的地理、历史知识、英语词汇和短语的文化内涵、社会习俗、非言语交际符号、价值观念和思维方式等。我国高职英语教学中具体的文化教学内容见表3-1。

表 3-1　我国高职英语文化教学内容

文化分类	具体文化内容
观念文化	1. 地理、历史——英美地理、历史 2. 艺术——美术、建筑、音乐 3. 哲学——哲学简介 4. 文学——英国文学、美国文学 5. 科学技术——世界科学技术发展简史 6. 价值体系——英美价值体系
制度文化	1. 政治制度——英国政治制度、美国政治制度 2. 法律制度——英国法律制度、美国法律制度 3. 经济制度——英国经济制度、美国经济制度 4. 生活习俗——英美生活习俗 5. 礼仪——英美礼仪常识
物质文化	1. 饮食——英美饮食简介 2. 服装——英美服装流派
语言文化	1. 词语内涵 2. 习语、谚语 3. 语篇结构

第三节　高职英语文化教学的原则与方法

一、高职英语文化教学的原则

确立文化教学的原则是为了有计划、有目的和有层次地将语言和非语言所负载的文化内容纳入外语教学总的体系中，使传授语言与介绍文化同时在一个层面上展开，以达成语言学得和习得与文化学得和习得的一致性，从而帮助学生有效克服因文化差异而容易发生的跨文化交际障碍。据此，在高职外语教学阶段，对文化内容的导入必须遵循以下七个原则。

（一）认知原则

认知原则强调了解和理解，而不强调行为表现。文化教学中的认知原则，一是指关于英语文化和社会的知识；二是指可能进一步涉及诸如观察力、识别力等某些能力的培养。

英语中有很多词汇、语句、典故等来源于神话、圣经、文学作品、文学故事等。如果学生对这些词汇、语句或典故所蕴含的文化不了解、不熟悉，那么就难以理解这些语言所表达的内涵意义。

文化教学中的认知原则，首先强调学生对目标文化有所了解、认识。例如，He sowed the apple of discord between the two countries.

国王帕琉斯和女神西蒂斯结婚，邀请众神参加，唯独忘了争吵之神厄里斯。她便寻衅把一个金苹果扔到宴席上，说要送给最美丽的女神，从而在天后赫拉、智慧女神雅典娜和爱神阿芙洛狄特之间引起争端，最后导致了特洛伊战争。后来 the apple of discord 就被用来表示"祸端、争端"。如果学生了解了 the apple of discord 这一文化背景知识，就很容易理解上述例子的意思：他在两国之间制造不和。

在英语文化教学中，教师还应该注意培养学生发现、分析、总结目标文化的能力，并据此掌握西方文化在价值观、生活习俗等方面的特点，以及中西方文化的区别。为此，教师可以鼓励学生搜集相关资料、撰写相关论文。

（二）交际性原则

文化教学的目的是培养与提高学生的跨文化交际能力，因而教师在文化教学中应充分考虑文化内容的"交际性"，遵循交际性原则。从语言的交际概念看，在文化教学中，教师需要向学生传授的应该是那些容易使中国学生在理解和使用上产生误解的，或者是直接影响学生进行有效交际的文化知识。

（三）层进性原则

英语文化教学具有阶段性、层次性，在教学中应该遵循循序渐进或层进性原则。这就意味着，教师在英语文化教学中应该根据学生的语言水平、接受能力、领悟能力等确定文化教学的内容，由浅入深、由简单到复杂、由具体到抽象、由现象到本质地进行文化教学。这一原则可以从以下观点中得到证实。

①外语教学应考虑以下三个层次——语言的结构层次、语言结构的文化层次、语言的语用文化层次，并指出文化导入的这三个层次是不可分割的有机体，只是在实践中各有所侧重，在不同阶段应该导入不同层次的文化教学，循序渐进地进行。

②文化教学存在两个层次，文化知识层和文化理解层以及连接这两个层次的文化意识教育，即"文化知识层培养的是具有观光客型生存技能的语言学习者，而文化理解层培养的是具有参与者型跨文化交际能力的语言学习者"，"文化教学的定位应是以文化知识为起点，文化意识为桥梁，文化理解为最终目的"。可见，文化教学应该是有层次地进行的。

③文化教育具有"阶段性"，因而文化教育可划分为"文化知识层次的教学与文化理解层次的教学"。文化知识层的教学主要传授的是知识文化，不直接影响交际的背景知识。文化理解层次的教学主要传授的是交际文化，即直接影响交际的背景知识和文化模式。

（四）对比性原则

对比性原则是指在英语文化教学中，教师可以引导学生将英语国家的文化和本土的文化进行对比，使学生发现中西方文化存在的差异。

学生通过对比，不仅可以加深对英语国家文化的认识，而且可以了解不同国家在价值观、思维模式、审美情趣等方面所存在的差异，一方面，可以避免形成种族中心主义；另一方面，有助于提高学生的文化理解能力。

对比不仅可以让我们更加深入地理解不同的文化概念，而且可以帮助我们避免不同的文化行为，从而避免根据自己的标准来判断别人的文化行为，也可以避免把我们自己的文化带入其他文化情境中去。通过对比，学生不仅可以学会区分文化差异，还可以提高辨别不可接受文化和可接受文化的能力，从而避免不加辨析、不加批评地接受目标文化，而且可以提高学生的跨文化交际能力。实际上，很多学生经常犯文化类知识的错误，正是因为缺乏对文化差异的了解，只关注文化的相似性，却忽略了文化的差异性。

在英语文化教学中，教师可以引导学生从以下方面进行对比：

①词汇方面不同的文化内涵。

②习惯用语方面不同的文化背景。

③句法方面不同的语法运用。

④演讲方面不同的语言风格。

在这几方面中，教师和学生尤其应该重视英语教学中词汇和短语的文化内涵，因为它们反映了文化，是构成语言的基本材料。例如，Live with your head in the lion′s mouth.

中国人认为，老虎是最勇猛的动物，老虎被称为百兽之王；而在英语的寓言以及民间传说中，狮子被称作百兽之王。如果教师此时能够将中英文化进行对比，那么学生就很容易理解此句意思，即：你要虎口求生。

在文化教学中，教师要抛砖引玉，组织、引导学生在课后搜集资料，了解中西文化的差异，从而有助于积累文化知识，提供学生的跨文化交际能力。

由于不同的文化产生不同的看法，不同文化背景下的生活方式、价值观念、思考方式和社会规范不同，文化冲击或文化冲突难以避免。

但是，如果我们密切注意不同文化的差异，并时刻不忘对比它们，就可以加深对其他文化的了解，消除相互之间的误会，从而减少甚至避免由于文化的冲突而引起的暴力行为、武装冲突等。

（五）灵活性原则

在文化教学中，文化知识的理解相对容易，但是要让学生学会在跨文化交际中对文化知识运用自如却并非易事。为了取得更好的文化教学效果，为了更有效地培养与提高学生的跨文化交际能力，教师应该对不同的学生，按不同的教学要求，灵活采用不同的教学方法，以激发学生的学习兴趣，调动学生学习文化的积极性。例如，教师可以通过开办文化知识专题讲座、组织小组讨论、进行角色表演等方式引导学生学习文化知识。

文化内容广泛复杂，而教师的讲解毕竟是有选择的、有限的。因此，在英语教学的过程中，教师应该将文化教学的场所延伸到课外，做到课内外相结合，开展内容丰富、形式多样的课外实践活动，以此加强学生外语知识的实际运用能力。例如，教师可以通过开展读书活动、英语角、英语晚会等，帮助学生不断积累文化知识，使学生语言知识与文化洞察力同步增长，语言技能与文化能力同步增长。通过这些活动，学生不仅可以学会以正确的语法结构、恰当的语义和适合场合要求的外语进行交际，而且可以提高信息获得的准确性，减少交际中的误会，从而增进互相了解。

（六）适度性原则

适度性原则是指教师在文化教学中所采用的教学方法和教学材料都具有适度性。其中，教学方法的适度性是指教师在文化教学中应该创造机会，让学生进行探究式、研究式学习；而教学材料的适度性则是指所选择的材料要能代表主流文化，代表普遍性文化，而不是个别的、特殊的文化。总体而言，文化教学中的适度，就是指教师要根据教学任务、教学目的的需要，适度地教授学生学习所需要的文化内容，而不是无限制或不考虑学生接受能力地进行文化教学。适度应该以能扫除"当前文化障碍"为标准，并适当考虑"尔后文化障碍"为限，也就是说，在教学中遇到文化障碍时，只根据此时此景的文化障碍而进行必要的背景文化介绍，同时，为了便于为今后克服相同或类似障碍，文化知识所传授的面和度可适当放宽一些。另外，适度性原则也意味着教师应该控制文化教学占用的教学时间，因为如果缺乏针对性，宽泛、深入地介绍文化背景知识，势必占用宝贵的教学时间。因此，点到为止或稍加发挥也是适度的应有之义。

（七）实用性原则

文化内容包罗万象，涉及社会生活的各个层面。但是由于英语教学受到各种客观教学条件的限制，教师在英语文化教学中不可能面面俱到地对英语文化的各个方面都进行介绍。所以，教师应该根据不同的教学对象、日常交际等具体情况，选择恰当的文化内容进行教学。换句话说，教师在实际的英语文化教学过程中需要遵循实用性文化教学原则，重点传授那些与学生所学的内容密切相关的文化内容、与学生的日常交际所涉及的主要方面密切相关的文化内容，以及与跨文化交际密切相关的文化内容。例如，对于国际贸易专业的学生，教师可以侧重介绍有关贸易方面的文化常识和交际技能。另外，文化教学的实用性原则还要求相关文化教学的内容要有广泛的代表性，应属于英语国家中有代表意义的主流文化，而不必把英语国家的文化介绍得面面俱到。

采用实用性原则，一方面，可以避免使学生认为语言与文化的关系过于抽象、过于空洞；另一方面，文化教学紧密结合语言交际实践，不但可以激发学生学习语言、学习文化的兴趣，还有助于学生将所学到的知识转换为技能，迁移到实际交际中。

二、高职英语文化教学的方法

为了达到英语文化教学的各项目标，教师在教学中要采取不同的文化教学方法。下文将介绍一些常用的高职英语文化教学的方法。

（一）直接导入法

直接导入法就是指教师在语言教学中直接向学生介绍语言的文化背景知识。这是一种简单易行的方法。在我国，课堂是学生学习英语的主要场合，除此之外，学生平时很少接触英语使用环境，因而遇到与课文相关的文化背景知识时，学生往往会感到十分陌生、难以理解。因此，教师应该发挥课堂在教学中的主导作用，直接向学生介绍相关的文化背景知识。为此，教师在备课时可以精选一些与教学相关的、典型的文化信息材料，将它们恰到好处地运用到课堂上，这样不仅能增强教学的知识性、趣味性，而且可以增加学习内容的深度和广度，同时可以激发学生的求知欲，活跃课堂气氛，使课堂气氛有利于英语教学的顺利进行。比如，当别人问是否要吃点或喝点什么时（Would you like something to eat/drink?），我们通常习惯客气一番，回答"不用了""别麻烦了"等。按照英语国家的习惯，你若想要，就不必推辞，可以说"Yes, please."，若不想要，只要说"No, thanks."就行了。这也充分体现了中国人含蓄和英语国家人坦荡直率的不同风格。

（二）文化旁白

文化旁白（Culture Aside）是一种较为方便的形式，也是传授社会文化知识的主要方法之一。文化旁白是指在进行语言教学时，教师就所读的材料或所听的内容中有关的文化背景知识，见缝插针地做一些简单的介绍和讨论。

一般而言，教材所选的课文都有特定的文化背景，有的是时代背景，有的是作者背景，有的是内容背景。如果学生对相关背景知识不了解，或者缺乏相关的背景知识，就会影响他们对文章的正确理解，自然也就不能准确地推理和判断阅读理解中遇到的问题。

学生在学习英语时，文化差异往往是理解英语的较大障碍。使用文化旁白法，能够有效地清除部分语言认知障碍，帮助学生正确理解英语。教师可以充当讲解员，也可以运用图片、实物教具或者多媒体课件等手段进行讲解，无论运用哪一种手段，其目的都是帮助学生更好地理解所读或所听的内容，同时丰富学生的感性认识，促进理解。文化旁白具有机动灵活、用途广泛的优点，因而使用时间最长，但同时具有任由教师掌握、随机性很大的缺点，而且对教师的要求也比较高，需要教师有较高的驾驭语言与文化的能力和一定的教学技能与艺术。

（三）对比分析法

对比分析法就是在文化教学中对母语文化和所学语言国文化的异同点进行对比，使学生理解和掌握两种语言使用过程中的文化规约、行为规约的异同，是利用"同"来获得语言学得和习得的"正迁移"，而指出"异"是为了防止文化学得和习得的"负迁移"。

简单地说，对比分析法就是在教学中直接利用本国文化，通过对比两种文化的差异来进行文化教学。对比分析法主要是通过对比让学生发现本国文化与目的语文化之间的异同，正确区分知识文化因素和交际文化因素。由于汉语和英语分属两种截然不同的语系，而东方文化与西方文化又差异颇大，因而通过比较两者的异同进行教学可以产生良好的效果。因此，对比分析法是跨文化研究的主要方法，也是第二语言教学的重要方法。文化的对比分析法是语言教学常用的一种方法。此外，在这种方法的使用中，对比不能仅限于表层的形式的对比，还应该有深层的内涵的对比；不仅要进行语言的对比，还要有非语言的对比；不仅要做语言、非语言形式与意义的对比，还要做语言交际行为的形式和意义的对比等。

总之，对比分析法不仅有助于学生克服在学得和习得所学英语和文化的过程中的心理障碍，而且非常有利于培养学生的文化意识。当然，在比较两种文化时，教师应引导学生正确认识和对待本族文化和外国文化的相互关系。一方面，对外国文化抱一种客观、宽容的态度，避免拒绝任何外国文化的狭隘的民族主义态度；另一方面，要避免盲目追捧外国文化，对外国文化不做任何分析，全盘接受，而应坚持本国的优秀文化传统，加深对中国文化的理解。

（四）讨论法

教师还可以在课堂教学的过程中，适当安排一些小组讨论、集体讨论等活动，把学生的学习情绪调动起来，促使学生发挥学习积极性。例如，在学习人教版 NSEFC 必修 3 Unit 2 Healthy Eating 一课时，教师可以先提供一篇介绍西方饮食文化的材料给学生阅读，然后组织学生就材料的内容进行扩展性的介绍和讨论，最后让学生就西方饮食文化与中国饮食文化进行对比、分析、讨论。通过这种介绍、讨论、对比、分析等有意识的活动，可以有效培养学生对英美文化的敏感性，使他们在英语学习中善于发现英美文化的特点并乐于了解和学习英美文化。再如，教师可以在课堂上先向学生解释中西方人对待老人的态度有很大的不同，然后组织学生讨论反映社会生活的许多其他方面的差异，使他们掌握所学语言的一些语用原则和使用特点。

让学生参与讨论，不仅可以调动学生的学习兴趣和学习积极性，而且可以使他们对所讨论的结果留下深刻的印象。

（五）图片、实物展示法

图片、实物展示法指用图片或实物来说明、解释某一个"文化现象"。例如，教材中可能出现 hamburger、pudding、sandwich、salad 等西方文化所特有的词语，我国学生可能对其不太理解。为了便于学生理解，教师可通过给学生展示图片或者照片的方式介绍此类物品，让学生对它们有一种感性认识。另外，教师还可以采用实物展示的形式给学生讲解中西方习惯上的差异。例如，教师在教授英美信件、信封的格式、式样时，为了便于学生理解，可找一封英美国家的来信，直接在课堂上展示给学生，以免学生在实际运用中出错。

（六）借助媒体法

借助媒体法指通过各种媒体手段，如电影、电视、网络等，帮助学生了解多种不同的文化背景知识和不同的文化习俗。现在，电视、电影、网络等媒体上有大量关于西方普通人生活的材料，对于了解西方社会生活、风俗习惯和日常用语，不同地区、不同阶层的语言特色，以及姿态、表情、动作等非语言的交际手段有很大帮助。

在一些电视英语教学节目如 *Follow Me*、*On we Go*、*People You Meet* 中有很丰富的材料可供使用。如果教师能够适当指点学生借助媒体进行学习，就会收到更好的教学效果。以打招呼为例，朋友之间、陌生人之间、上下级之间在表达上有许多不同。由于电视节目提供的场合多，语言材料自然也就富有变化。同时，电视、电影还是观察和研究姿态、表情、动作等语言以外的交际手段十分有用的材料。例如，教师可以组织或鼓励学生观看 *Dashan and Friends in Canada*、*Family Album USA*、*You and Me*、*Hello，America* 等 VCD 或 DVD，增强学习材料的真实度和挑战性，进一步增强学生对文化差异的认识与理解，为他们日后能顺利参与各类语言交际活动打好基础。

电影也是一种了解西方社会文化的有效手段，能够提供丰富有用的材料。尤其是对于专门介绍西方社会情况的纪录电影，直观的画面与所要教授的文化内容相得益彰，使得学生犹如身临其境地体验异国文化的不同。这比从书本上得到的知识印象更加深刻，如果教师能加以适时的指点，教学效果会更好。

（七）外国文学作品的学习和鉴赏法

外国文学作品的学习和鉴赏法指学生在教师的指导下，对文学作品进行多角度的剖析，了解人物的情感，了解不同文化背景人物间的交流和文化冲突。

在我国现阶段的英语教学中，大多数学生了解英美文化主要还是依靠间接阅读相关材料，如小说、报纸、杂志等。但是，很多学生在阅读文学作品的时候，仅仅为了追求情节或者为了扩大词汇量，而并没有注意文学作品中所反映的文化方面的细节，比如风俗习惯、文化差异等。因此，教师应该正确指导学生阅读文学作品，引导学生在阅读的过程中注意和积累相关文化背景知识，并适当地对这些文化开展分析、对比，从而有效增加学生的文化背景知识。

（八）游戏法

造成学生交际失误的另一个主要原因，是英汉两种语言中的许多词语对英美人和中国人来讲所产生的词的联想意义和词的文化内涵是不同的。对于这类文化知识，教师可以通过做游戏的方式使学生了解语言所负载的文化内涵。例如，在讲解 landlord、owl、peasant、restroom、propaganda 等具有文化含义的词语时，教师可以把全班同学分成两组，让其中一组列出这些词在英语里的联想意义，而另一组列出这些词所对应的汉语词的联想意义，然后教师进行对比分析。

（九）丰富课外活动

课堂时间是十分有限的，而英语文化包含的内容纷繁复杂。因此，为了增加学生的文化知识，教师应该充分利用课外活动来扩大学生的知识面，促进学生跨文化交际能力的提高。

教师可以帮助学生在课后开展形式多样的有关文化、交际知识的课外活动，通过形式多样的课外活动增加学生对文化的理解和对文化差异的认识。例如，教师可以在课后组织学生开展一系列有关西方文化的讲座，也可以组织学生开展有关文化交际的文艺晚会、知识竞赛等。

（十）充分利用外籍教师资源

就英语学习而言，与英语人士接触，听英语人士授课是非常有必要的。因此，有条件的学校有必要聘请外籍教师授课。学生通过与外籍教师接触，不但能够听到纯正的语音，学到地道的语言表达方式，而且还能学到许多生动的、课堂上学不到的有关社会文化背景方面的知识。例如，在什么场合应该讲什么话、做出何种反应，以及一些非语言的交际手段等。此外，对于教材中的有些东西，中国教师没有接触过，只能把词典中的"definition"传授给学生；而外籍教师作为两种不同文化的中介者、解释者，可以根据自己的切身体会，生动地、形象地向学生讲述清楚中国文化和西方文化的区别，从而帮助学生避免用本国的文化标准来衡量外国文化。另外，学校还应请外籍教师有针对性地介绍一些他们本国的社会情况、文化生活、风土人情等，也可以请外籍教师讲述其在中国遇到的一些文化差异等。通过与外教接触，学生们可以直接地感受到文化的差异，这对于培养学生的跨文化意识有很大的帮助。

第四章　信息化时代高职英语教学

第一节　信息化技术与教育信息化

一、信息

（一）信息的定义

信息（Information）作为社会资源自古以来就存在，也一直被人类所利用。在人类所拥有的三种资源——物质、能量、信息中，信息资源在形态上较为抽象，其重要性被人类广泛认识和接受，在时间上最晚。一般认为，在游牧时代、农业时代乃至工业时代，信息资源处于从属地位。到了信息时代，信息资源的重要性上升至首位，处于主导位置。因为只有在信息时代，强大的信息基础结构才能有力地支撑并促进社会经济、教育医疗等良性发展。

鉴于信息内涵的丰富性、广泛性、复杂性，科学界、学术界一方面对信息的定义从未停止，另一方面对信息的定义未能达成广泛认同。

①信息是用来消除随机不定性的东西。创建一切宇宙万物的最基本单位是信息。

②信息是人们在适应外部世界，并使这种适应反作用于外部世界的过程中，同外部世界进行互相交换的内容和名称。

③信息是事物存在的方式或运动状态，以及这种方式或状态的直接或间接的表述。

④信息是为了满足用户决策的需要而经过加工处理的数据。简单地说，信息是经过加工的数据，或者说，信息是数据处理的结果。

还有其他的定义，如信息是维系事物内部结构和外部联系，感知、表达并反映其属性和差异的状态和方式。又如，信息是指应用文字、数据或信号等形式，通过一定的传递和处理来表现各种相互联系的客观事物在运动变化中所具有的特征性内容的总称。

根据不同研究的成果，可以将信息定义为：信息是对客观世界中各种事物的运动状态和变化的反映，是客观事物之间相互联系和相互作用的表征，表现的是客观事物运动状态和变化的实质内容。

需要提出的是，信息不同于消息。首先，信息是消息的内核，消息是信息的外壳，得到了信息就是得到了消息。其次，信号是信息的一种载体形式，两者是形式和内容的关系。

信息与知识有区别。信息是物质的一种普遍属性，是物质存在的方式和运动的规律和特点；知识是人类通过信息对自然界、人类社会以及思维方式与运动规律的认识和掌握，是人的大脑通过思维重新组合的系统化的信息的集合。知识是信息的一部分，是一种特定的人类信息的一部分，是进入人类社会交流的运动着的知识。

（二）信息的特征

信息具有以下基本特征：

1. 信息体现着主观性和客观性的统一

信息是一种以物质或意识为基础的普遍存在，具有普遍客观性。同时，信息在被传递过来时，不可避免地加入了人为因素，受到一定的人为主观影响，具有一定主观性。

2. 信息具有自我积累性

不同于具有消耗性的物质和能源，信息则是越用越多，能实现自我积累、自我增值。

3. 信息兼具压缩性和扩散性

信息可以转换成不同形式储存在不同的介质之中。随着科学技术的发展，储存介质呈现小型化，信息储存呈现海量化。这种压缩的特性加快了信息的自我积累，在一定程度上加速了信息的扩散。在信息化社会，信息能实现高速传播，能在社会上快速运行，同时可以渗透到各个学科、社会生产等各个领域和活动中。

它能使接受者受益，而给予者未受损。它在时间和空间上创造了人类共享精神财富的客观条件，使今日世界在概念上变小，科学疆域在空间上变大。

4. 信息具有转换性

一是信息有再生能力，这一特性决定了信息资源是用之不竭的资源；二是信息可以从一种形态转换成另一种或多种形态。

5. 信息具有失真性和可提炼性

首先，信息在发出与传递过程中，因环境、传输介质、处理方法等因素影响，可能导致失真；其次，信息的再生性和可转换性，加上人为因素，也有可能导致失真。信息可提炼性表现为，即使搜集到的信息真实性无可怀疑，完整性已经足够，人们仍可以进行完备周详的推理、分析，把表象所蕴含的潜在实质挖掘出来，去伪存真。

6. 信息具有相对性

其相对性体现在三个方面。第一，信息具有时效性。不同时期，信息的作用不同。这是因为信息所反映的事物特征存留时间有限，所以获得信息越及时越好，才能把握时机。第二，信息对于不同空间的作用是不同的。信息相对空间具有差异性。第三，信息作用对象是相对的。同一信息作用于不同的对象，所得到的反馈，或产生的价值、影响是不同的。

7. 信息具有可共享性

不同于物质和能量，信息具有不守恒性，即它具有扩散性，具有自我扩容或增值功能。通常在信息的传递中，对于信息的持有者而言，不会产生损失。这体现了信息的一个重要特性——可共享性。这种可共享性正在成为信息在信息社会的鲜明特征，从而使其重要性广泛得到社会的认可，成为影响当今社会发展的一个重要因素。

二、信息化的定义

正如前面提到的，信息化的概念在 20 世纪 60 年代由日本学者提出，是基于对人类社会从低级向高级的形态发展，即从有形的物质产品创造价值的社会向无形的信息创造价值的社会转变的认识。随着信息化在实践中迅速推进，人们对信息化概念的认识也逐步深化和丰富起来。

①无论是技术层次，还是知识层次，或者产业层次，最终都会在经济发展和社会进步上得到反映。同时，"化"是一个过程，从起点到终点，渐进地慢慢演变。所以，信息化是从工业经济向信息经济、从工业社会向信息社会演进的动态过程。

②信息化包括产业信息化、国民经济信息化、社会信息化三个基本层次。

③信息化就是指在国家宏观信息政策指导下，通过信息技术开发、信息产业的发展、信息人才的配置，最大限度地利用信息资源以满足全社会的信息需求，从而加速社会各个领域的信息化发展过程。

④信息化是指人们凭借现代电子信息技术等手段，通过提高自身开发和利用信息资源的智能，推动经济发展、社会进步乃至自身生活方式变革的过程。

⑤信息化是利用现代信息技术对人类社会生产体系的组织结构和经济结构进行全面的改造，使人类社会的政治、经济、社会、军事、文化等各个方面适应信息社会的发展和需求，从而推动人类社会的进步。

⑥信息化过程划分为四个阶段，分别是数字化、一体化、虚拟化和智能化。数字化是信息化的起点，一体化是信息化的核心，虚拟化是信息化的延伸，智能化是信息化的终点，四个阶段层层深入、相互衔接，由数字化（点式）到一体化（面式）到虚拟化（体式），最后上升到智能化（多维）的高度。

⑦信息化就是将我们生活的物理世界通过同态映射将其变换为数字世界，同时利用逆变换将数字世界转换为物理世界，成为我们认识和改造物理世界的工具。在同态映射的过程中，我们利用的是信息时代的核心产业，即信息技术产业（ITI，包括微电子、计算机、通信和软件产业）和信息内容产业（ICI）。在由数字世界至物理世界的逆变换中，我们所依赖的主要是信息服务产业（ISI）。

综上所述，虽然专家学者对于信息化的定义不尽相同，但是人们还是形成了比较统一的认识。

一是从信息技术的角度看，信息化就是信息技术和信息产业在经济与社会发展中的作用日益加强，并发挥主导作用的过程。信息化有三个相互联系的主要方面：①信息技术本身的发展及其产业化；②基于信息技术的信息产业的发展壮大，直至在国民经济中占据主导地位的过程；③信息技术手段在经济和社会领域中的广泛应用，如在教育领域。

二是从信息资源的角度看，信息作为一种资源比其他资源（指物质资源和能量资源）的作用相对增大，表现为经济生活形态的变动、社会结构的变动、产业结构的变动、教育结构的变动等。因此，信息化就是利用现代电子信息技术，实现信息资源高度共享，挖掘社会智能潜力，提高国民经济等活动中信息采集、传输和利用能力，提高相应领域的运行或管理效率，从而提高竞争能力。

三是从社会演变的角度看，信息化就是工业社会向信息社会前进的过程。这一过程不仅是经济结构和经济增长方式的转变，而且是整个社会结构的全面变革。信息化的目标不仅是发展信息产业，而且要提高社会各领域信息技术的应用和信息资源开发利用水平，从而提高社会各领域的效率和质量，为社会提供更高质量的产品和服务。

三、教育信息化

（一）教育信息化的定义

教育信息化是指在教育与教学领域的各个方面，在先进的教育思想指导下，积极应用信息技术，深入开发、广泛利用信息资源，培养适应信息社会要求的创新人才，加速实现教育现代化的系统工程。

教育信息化不是简单地等同于计算机多媒体化或网络化，而是一个关系到整个教育体系全面发展和促进教育现代化的系统工程。教育信息化是个系统工程，是先进的教育思想和现代信息技术的有效融合，促使教育观念、教育目标、教育内容、教育模式、教育手段朝着现代化发展的系统工程。

（二）教育信息化的特征

教育信息化可以从技术层面和教育层面两方面进行考察。

从技术层面看，信息化教育的基本特点是数字化、网络化、智能化和多媒体化。现代信息技术，主要是以计算机为基础的数字化技术。数字化使得教育技术系统的设备简单、性能可靠、标准单一。同时，以计算机为基础的多媒体技术使信息媒体设备一体化、信息表征多元化、真实现象虚拟化。网络化体现为当今的数字信息网已经做到了"天网"（如数字卫星通信系统、移动数字通信系统）和"地网"（目前以因特网为主）合一。网络化的优势是资源共享、时空不限、多向互动和合作便利。智能化表现为：人工智能将成为信息化教学系统的核心技术，智能化将使得系统能够做到教学行为人性化、人机通信自然化、繁杂任务代理化。

从教育层面看，信息化教育具有以下特征：

（1）教材多媒体化。教材多媒体化就是利用多媒体，特别是超媒体技术，实现教学内容的结构化、动态化、形象化。已经有越来越多的教材和工具书多媒体化，它们不但包含文字和图形，还能呈现声音、动画、录像以及模拟三维景象。

（2）资源全球化。利用网络，特别是因特网，可以将全世界的信息资源连成一个信息海洋，供广大教育用户共享。

（3）教学个性化。利用人工智能技术构建的智能导师系统能够根据学生的不同个性特点和需求进行教学。为了做到这一点，学术个性的测定，特别是认知方式的检测，已经成为当今教育研究的重要课题。

（4）学习自主化。要求学生通过合作学习方式完成学习任务，也是当前国际教育的发展方向。信息技术在支持合作学习方面起着重要作用，其形式包括计算机合作（网上合作学习）、在计算机面前合作（如小组作业）、与计算机合作（计算机扮演学生同伴角色）。

（5）环境虚拟化。教育环境虚拟化意味着教学活动可以在很大程度上脱离物理时空的限制，这是电子网络教育的重要特征。

（6）管理自动化。这包括计算机化测试与评分、学习问题诊断、学习任务分配等功能。其中，网络上建立电子学档是趋势之一，其信息包含学生电子作品、学习活动记录、学习评价信息等。利用电子学档可以支持教学评价的改革，实现面向学习过程的评价。

从表面上看，教育信息化是以信息技术在教育中的应用，促进教育全面改革并最终实现社会化的过程。但这只是一部分，从本质上讲，教育信息化有着更深刻的内涵。这表现在：

①促进了新的教育理念的生成。在信息技术应用的过程中，传统的教师观、学生观、知识观、教学观、方法观发生了深刻的变化。

②为新的教育模式的应用创造了条件。情境教学、在线讨论互动、虚拟课堂、智慧教室成为现实，极大地丰富了人们的教育文化生活，展示了一片新的教育天地，使人们尽可能地按需获取教育资源和自定学习速度，体现了高度的学习个性化。

③促进了技术文化与教育文化的融合。当信息技术作为一种普遍的生活方式时，信息化教育使得它与人们习惯了的教育生活结合起来，构成了新的教育文化图景，从教育内容、课程、教学、活动等方面进行了全面的改造。

教育信息化的最本质特征是教育的现代化，包括现代化的教育理念、现代化的教育资源共享、现代化的教育方法手段、现代化的教育环境和条件，从而使教育过程表现出开放性、共享性、交互性、协作性和系统性等。教育的开放性体现为社会化（大众化）、终身化、个性化（生活化）等；共享性体现在教育资源的极大丰富、网络学习的极大便捷、获取信息的经济廉价；交互性扩大和便利了学习者与教师、媒体、他人的信息交流及自我训练与评价；协作性表现在网上合作学习、小组合作学习等；系统性则表现在要求学习者要有良好的道德和信息素养，要求组织者有系统的设计和科学的管理艺术，对系统环境有规范的要求。而所有这些是教育信息化最终走向教育现代化的重要基础。

（三）影响教育信息化的六个因素

1. 基础设施

工欲善其事，必先利其器。基础设施是教育信息化的基石，亦是其工具。基础设施建设作为教育信息化发展的前提和必要条件，其建设水平在一定程度上反映了教育信息化的发展水平。教育信息化基础设施建设是实现教育信息化的物质基础和先决条件，也是教育信息化进程中的重点建设内容之一。

2. 信息化资源

建设优质的教育资源是各国教育信息化的重点内容。教育信息化面对的最大挑战就是资源问题，如何获取资源、有效利用资源、共享资源等问题已经成为教育信息化推进过程中的一系列值得关注的问题。

信息化教学资源是信息社会教育质量提升的关键因素，信息化教学资源供给服务体系建设则是教育信息化建设的重要内容。

3. 师资队伍

师资队伍的职业胜任力是教育事业成败的一个标志，是直接决定教育质量的因素。师资队伍的建设需要基础设施、政策、资金等各方面的支持，且一直都是教育活动重视的环节。教育大数据的发展，对教育信息化时代的教师提出了更高的要求，以解决教师教育过程中个性化、全程化培养的问题。

4. 教育信息化应用

教育信息化的应用主要体现在教学中，借助教育信息化的推进，变革教育模型，使信息技术在课堂教学中起到革命性影响作用。在信息化还未普及的时候，信息化教学在现实中的应用会受到多方面的限制，如资源结构性缺乏、升学压力、效果不明显等，这些问题是客观存在的，因此随着科技的发展和文化背景等的变化，在教育信息化演进过程中，每一时期都会提出不同的要求，当然也会取得不同程度的成果与进步。

5. 教育信息化规章制度

政策法规年表可以看作我国教育信息化发展进程的缩影。信息化作为一项重要战略决策，在引领教育事业发展中的作用越来越显著。教育信息化的发展离不开教育信息化政策和制度设计保障。此外，教育信息化是推动教育改革与发展、缩小地区教育差距、促进教育普及的有效途径，是提高全民信息素养和培养创新性人才的重要手段。

6. 教育信息化产业

教育信息化产业的发展是教育现代化的先决条件，而教育现代化又是教育信息化产业得以发展的保证。因此，教育信息化产业与教育信息化的推进相互依存、相辅相成。随着教育信息化事业与学科的发展，促生了一门新兴的教育信息化产业，产业的兴起反过来支持教育事业和学科的进一步发展，信息化产业成为教育信息化过程中不可或缺的重要组成部分。

第二节 信息化条件下高职生的英语学习

一、信息素养与高职生

信息素养作为当代人必备的基本素养，受到人们的普遍重视。以培养实用技能型人才为宗旨的高职教育，对信息素养在学生基础学力与职业生涯发展中的作用，也有了越来越深刻的认识。

（一）信息素养的基本内涵

信息素养是一种可以通过教育来培育的，在信息化社会中获得信息、利用信息、开发信息方面的修养与能力。它包含信息意识与情感、信息伦理道德、信息常识以及信息能力等多个方面，是一种综合性的、社会共同的评价。

（二）信息素养的内容

信息素养是传统素养在信息时代的延伸，包含了信息观念、信息知识、信息能力和信息道德四项内容。

1. 信息观念

信息观念是个体对信息的态度，包含如何正确看待信息对社会的价值和负面影响，对信息的观察力如何，自觉获取信息的意识如何。信息观念是信息活动链条的第一环节，其中信息意识是核心，它反映了人们对信息的敏感性和重视程度，决定着个体捕捉、判断和利用有效信息的自觉程度。信息意识的强弱直接影响到信息活动的效果，具有较强的信息意识，就可以及时、准确地占有信息，为进一步进行有效信息活动创造先决条件。

2. 信息知识

信息知识是个体掌握的有关信息的一些基本知识，是人们在利用信息技术工具、拓展信息传播途径、提高信息交流效率中所积累的有关信息的本质、特征，信息运动的规律、信息系统的构成、信息技术和信息方法等方面的知识，它构成了信息素养的理论基础。严格来说，信息知识不是信息活动的内容，但是却是信息社会信息活动有效进行的基础，尤其是信息技术知识，其对信息活动的开展是必不可少的。

3. 信息能力

信息能力是信息素养的核心，它是指个体能依照自己的需要去捕捉、评价、选择、整合、吸收信息，能对信息进行加工并在原有信息的基础上进行创新。信息能力具体包括：

①自主、有效地运用各种工具和资源查找、收集所需信息；

②对收集到的信息进行评价；

③对信息进行选择、整合；

④将信息纳入自己的知识体系中，即吸收信息；

⑤对信息进行学习和研究，解决实际问题，创造出新的信息。

4. 信息道德

信息道德是信息素养的灵魂，信息道德在静态上是指个体在信息活动过程中应当遵循的道德行为规范，动态上则是表现为个体在进行信息活动时自觉遵守法律和道德规范。信息道德调节着信息创造者、信息服务者、信息使用者之间的关系，规范着人们自身的信息行为，它是个体在信息活动中自觉承担社会责任的表现，其包括不制造、传播、消费不良信息，不侵犯他人的知识产权、商业秘密、个人隐私，自觉坚持公正、平等、真实的原则，自觉抵制不良信息并积极与违法信息活动做斗争。尽管信息道德缺少实际操作的内容，但鉴于信息素养在某种意义上也是一种人文素养，它决定着个体的信息行为是否能对他人和社会产生积极作用。因此，树立良好的信息道德是有效预防和治理信息环境污染，避免信息窃取、信息欺诈和信息破坏等信息道德失范行为的根本。

(三) 高职生信息素养的能力标准和构成

1. 高职生信息素养能力标准

信息素养能力标准是对高职生信息素养应然状态的具体阐释，应包含以下内容：

（1）明确信息的重要性；

（2）能快速、有效地获取所需信息；

（3）能批判性地评价信息及其来源；

（4）把获取的信息整合到自己的知识库中；

（5）有效地利用信息完成特定的任务并积极创造信息；

（6）了解有关信息使用的经济、法律和社会环境，在道德和法律的规范之下获取和利用信息。

2. 高职生信息素养的构成

除了在横向上确定具体的标准，根据高职生所处的具体教育阶段和社会环境及高职教育目标确定高职生信息素养的构成，可以为针对不同阶段高职生制订相应的信息素养培养方案提供依据。从构成上来看，高职生信息素养由依次递进的三部分构成：

（1）基本的信息素养

基本的信息素养又称作通识的信息素养，是高职生适应信息社会的最基本要求，是低层次的信息素养。具备这一层次的信息素养要求高职生关注社会动态，掌握基本的信息网络技术知识，能够进行日常的信息搜集、筛选、交流等简单信息活动，能够辨别信息的良莠并避免接触不良信息。

（2）专业的信息素养

具备通识的信息素养只能应付一般的信息生存，对于要求学有所长的高职生而言专业的信息素养非常重要。专业的信息素养要求高职生关注专业信息，掌握文献检索知识及专业信息的获取方法、途径，能够主动进行相关信息的搜集、筛选、整理、交流活动，在信息活动中尊重他人劳动成果，遵守法律法规。

（3）实践和创新的信息素养

具备实践和创新能力是培养高职生信息素养的最终目标，实践和创新的信息素养是高职生信息素养的最高层次。实践和创新的信息素养要求高职生能够对获取的信息加以实践和创新，在相关信息活动中遵守法律，不剽窃他人成果，不进行不良信息活动，按照法律法规进行信息的实践和创新。

二、高职生信息素养与英语信息化教学

信息化时代的高职英语培养目标较之以前发生了变化，旨在培养学生的英语综合应用能力，使学生在今后工作和社会交往中能用英语有效地进行口头和书面的信息交流，同时增强其自主学习能力、合作学习能力，培养其批判性思维和检索能力，以适应我国社会发展和国际交流的需要。因此，高职英语教学不但承担着向学生传授语言知识、提升学生语言能力的任务，同时肩负着培养学生核心学习能力、提升学生信息素养的任务。其中，信息化条件下的自主学习能力、合作学习能力、批判性思维和检索能力属于信息能力，是信息素养不可缺少的一部分。因此，探索在信息化条件下如何有效地培养高职生的英语自主学习能力、合作学习能力、批判性思维和检索能力具有积极的现实意义。

（一）信息化条件下的英语自主学习能力培养

1. 自主学习能力

自主学习就是指具有较强主体意识和集体观念的学习者，在教师根据学校教学要求所给予的教学自主权以及学习者现在情况所设置的教学开放度以内，能够在整个学习团队中，主动而自觉的学习行为，是学习者个体非智力因素作用于智力活动的一种状态。自主学习不仅要求进行自主学习的学习者应该具有的自身条件，还要求在自主学习过程中教师的指导和学习者之间的合作学习，三者缺一不可。学习者在受教育过程中表现出强烈的求知欲、主动参与的精神与积极思考的行为，并且有强烈的融入该集体的欲望，其重要特征是已具备了将学习的需要内化为自主的行为或倾向，学习的意愿来自内在的需求的冲动，而不是来自外在的压迫或急功近利的行为。

2. 高职生英语自主学习能力

自主学习是指学习者依赖其个人独立的学习风格、积极的学习态度和良好的学习能力，在与教师交流互动中设定其学习目标，通过个人活动和与他人合作的方式，实施、完成、评估自己的学习效果并达到学习目标的学习过程。具体来说，高职英语自主学习是学生英语学习的一种学习方式，指的是学生能够根据自

己的实际情况对英语学习现状进行自我评估，通过信息反馈，确定英语学习目标、制订学习计划、采取学习策略、监控学习进度，并在此基础上进行总结、评价和信息反馈的再次循环。这种学习的循环链或学习方式包含三方面的内容：首先，对自己的英语学习活动进行计划和安排；其次，对实际的学习情况进行监控、评价和反馈；最后，对自己的学习进行调整、修正和控制。

高职生自主学习能力是以学习者的个人学习风格为依托，自主把握个人的学习情况并对学习负责的能力。更具体地说，就是学习者能够独立地确定自己的学习目的、学习目标以及学习内容和方法，并确定自己的一套评估体系的能力。但自主学习能力不完全等同于自学能力，仍然需要教师的指导、帮助，以及与同伴协作学习，不过学习者成了教学活动的主角，即强化以人为本、注重个性发展、彰显个人特色，在集体中发挥个人优势、突出个人特长。

3. 信息化条件下提高高职生英语自主学习能力的路径

（1）激发高职生的学习兴趣和学习动机

学习动机作为内部学习动力，对高职生的英语自主学习起到决定性作用，直接影响到学习态度、学习方法、学习效果。网络教学环境下，英语自主学习课程的开设对高职生的学习动机提出了新的挑战。由于网络教学资源存在很大的开放性、交互性，如果缺乏有效的引导，容易造成学生学习方向的偏差，所以在高职英语网络教学环境下，研究激发、保持学习动机的有效策略具有现实意义。

①增强高职生对网络英语学习的兴趣。对高职生网络英语学习兴趣的培养应从两方面着手：第一，提高高职生对英语重要性的认知度；第二，提高学生对英语文化的认知度。英语是多个国家的第一语言，涉及的文化内涵也较广泛。在教学过程中，可以将这些国家的地域文化、风俗习惯、信仰等扩展到网络教学中。文化的魅力是突破国界和地域限制的，高职生通过对英语文化和本土文化的交叉理解，容易培养对英语学习的兴趣。

②发挥好教师的导向作用。在信息化条件下的英语教学中，教师要及时转变教学角色，发挥导向作用。第一，帮助学生制定科学的英语学习策略。教师把学习的主动权还给学生，只做必要的指导，同时制定不同层次的学习策略，使不同基础的学生有所选择，从而对课程重难点、学习时间、学习进度、学习方法等进行宏观调整。第二，建立科学的学习评估系统。对高职生自主学习效果的考核要

突破成绩至上的束缚，使学习动机发生变化。

③建立丰富的网络教学资源。第一，细化网络教育资源分类。英语是包括读、听、写、说、译多项能力的综合性学科，建设网络教学资源应分门别类，构建多个知识体系，让学生检索学习资源时更具针对性，根据需求和薄弱环节，选择适用的资源，提高自主学习效率。第二，让学生掌握多种网络资源检索方法。目前，文献检索渠道搜索引擎虽然资源信息量较大，但针对性差。对此，教师应将重点放在提高高职生的网络教学资源检索能力上，例如，建立英语教学资源库、建立名师课件资源库等。

相比于传统英语教学模式，网络教学背景下学生的学习动机更为重要。在学习动机的培养激发过程中，既要从传统教学体制的束缚中跳出来，紧随信息化英语教学需求的步伐，也要直面信息化教学资源带来的不利因素，做到拨乱反正，为学生指引一条正确的发展之路，进而提高高职生的自主学习能力。

（2）提高高职生自主合理使用网络学习平台的能力

良好的自主学习意识是学习目标以及学习策略制定的基础前提，意识基础决定行为情况，所以要想提高高职生自主学习能力，首先就必须提高自主学习意识。建立了良好的自主学习意识之后，就可以进行相关策略的制定。首先，要根据自身的学习需要和发展规律来确定自主学习目标。其次，合理选择学习方式，采用信息技术有针对性地进行课程的学习。最后，对学习内容进行自主探究和深入学习。

另外，现在大多数高职均已开放了大量的网络自主学习平台，如学银在线、智慧职教等。这些网络自主学习平台上课程众多，教学内容以及教学资源极为丰富，学生应该合理利用该平台进行相关学习。首先，按照平台注册标准进行学习课程的注册，做好课程的选择。课程的选择既要依照自己学习的需要，也要结合自身的实际学习能力。在合理的课程学习目标指引下，选择难易程度相当的教学课程，查找课程介绍视频，做好前期的课程选择。其次，搜索相关课程，从基础课程开始学起，检查课程是否需要辅助软件。课程学习过程中高职生要注意课程学习时长，积极参与其中的互动环境，集中注意力，标注学习中的难点和重点内容。

（3）提高高职生的自我监控和自我评价能力

网络环境下的自主学习因为具有自觉、独立、开放和电子化的特点，教师对学习者的监控和评估显得尤为重要。监控和评估学习效果的目的有三：了解学生的学习状态，增强学生自主学习能力以及完成学习任务从而提高学习效果。具体做法为：一是要求每个学生创建学习日志，记录其学习时间和学习内容；二是要求学生写网络日记，教师通过浏览日记获知学生存在的问题并及时为其解决；三是通过各种渠道，如 BBS、E-mail、QQ、微信、云班课等为师生建立讨论平台；四是建立评估量表，将学习主题、活动目的等作为评价内容，逐项给学生打分；五是建立网络电子相册和博客，存储和记录学生在学习过程中的文字、声音和视频文件，以便更好地对其学习效果进行形成性评估。

与此同时，高职生在使用网络自主学习平台进行自主学习时，一定要对自身的学习情况进行相应的监控，只有实行自我监控才能随时调控学习进程、掌握学习步调、针对学习问题进行疑难解决。在自主学习过程中，高职生要进行阶段性总结，根据自身学习的需要和学习规律适当地调整学习方法和学习内容，并针对自身的实际学习能力来适当调整学习时长，使其适应自身的学习情况，提高学习效果。总结概括、自我监控和自我评价的主要作用就是学生进行学习意识、学习步调以及学习方法的调整，以求网络学习与实体资源的结合运用，进一步保障网络学习和传统课堂学习的协调统一和顺利开展，最终的目的就是提高高职生自主学习能力。

（4）营造良好的自主学习氛围

高职院校要把英语教学内容与学生学习兴趣结合起来，以某个章节或某个主题作为项目，联系实际开展真实的项目教学活动。教师不再是主导者，其作用主要体现在启发学生自主学习和自我教育的机制上，充分地激发学生的学习兴趣和热情，挖掘出每个学生的潜能，并根据不同学生的特点、爱好给予学生适当的指导。项目教学中，学生不再是知识的被动接受者，而是根据所学课程内容，联系实际开展项目教学活动。在这个过程中，以小组为单位充分培养学生自主学习能力，充分尊重和体现学生的学习自主权和管理权。自主学习环境下，课堂不再是单一的教室，学生可以通过学习平台、网络资源、视频影音等课内外多种渠道、多种形式进行学习。课堂上，教师要给学生留出足够的自主学习的时间，并根据教学内容设置学习目标，调动他们的学习兴趣，使他们在教学过程中积极参与，相互交流和讨论，充分发挥自己的想象力和认知力，做学习的主人，并最终对教师设置的目标给予正确的解答和完成，以达到掌握所学知识与提升能力的目的。

（二）信息化条件下的合作学习能力培养

面对纷繁复杂的网络环境，高职生一方面要加强自主学习能力的培养；另一方面，需要通过合作学习，在网络资源中学会互相监控、互相合作，从而保证学生学习的方向和效果，培养团队合作精神，实现学习行为多样化。

1. 合作学习的内涵及特征

合作学习是一种以生生互动为主要取向的教学理论与策略体系。合作学习是指学生在小组中从事学习活动，并依据他们整个小组的成绩获得奖励或者认可的课堂教学方式。合作学习是组织和促进课堂教学的一系列方法的总称。学生在学习过程中的合作则是所有这些方法的基本特征。我国合作学习研究学者王坦认为，合作学习是一种旨在促进学生在异质小组中互助合作，实现共同的学习目标，并以小组的总体成绩为奖励依据的教学策略体系。

合作学习有四个特征。第一个特征是分组。在班级授课制下，学生人数众多，使得教学过程中学生参与的比例大大下降，如果任由学生自由发言，这样整个课堂就变成了少数学生表演的舞台，而大多数学生成为看客，这不利于学生的全面发展，也有悖于民主教学的基本要求。把学生分成若干学习小组，增加了学生之间互动的频率，有助于人人参与、全面发展。

合作学习的第二个特征是合作。一般而言，一个学习小组的人数在 5~7 人为最佳。小组的每个成员都必须围绕教师提出的问题表达自己的观点，然后小组的每个成员都必须对发言者的发言提出问题、提出质疑，而发言者必须回答小组同学所提出的问题，然后依次而为之。这样一个学习小组的每一个学生都经历了这样一个学习的过程：表达、质疑、交流、评价。每一个学生都是表达者、倾听者、提问者、评价者。在这种互动过程中，学生不断地深化对问题的理解与认识，无一例外。

合作学习的第三个特征是分工明确。同一学习小组的学习成员因学习任务的不同和完成任务的复杂程度的区别，而被安排不同的学习任务。就讨论式而言，学生可能是发言者、可能是提问者、可能是评价者，而且这种角色又在不断地转换。就课堂项目而言，有的同学是记录者、有的同学是观察者、有的同学是操作者、有的同学是分析者，各自发挥自己的特长，共同完成一个明确的学习任务。

合作学习的第四个特征是交流。通过小组学习和交流，各个小组推荐出优秀代表在全班进行交流，可以最大限度地让学生在思想的相互碰撞中深化认识、提高能力。

2. 信息化合作学习

信息化合作学习是以小组活动为主体而进行的一种学习活动，学习者根据一定的规则分成不同的小组来进行学习，根据不同要求，可以选择同质分组和异质分组的策略。信息化合作学习是一种同伴之间的合作互动活动，在信息技术的有力支持下，组内成员间的相互交流与协作互助变得更为便利、快捷和有效。信息化合作学习既具有一般合作学习的特点，又因为它与信息技术相结合而表现出自己的独特性质。随着网络技术和计算机技术的发展，合作学习突破了时间和空间的限制，通过各种信息工具获得更多的学习资源与学习支持，合作学习中的各种交流与合作可以利用信息技术来完成。

信息化合作学习具有以下三个主要特点：

第一，信息化合作学习具有更大的开发性。在传统的学校课堂教学环境中的合作学习，人际合作范围受到空间的限制。基于信息技术的合作学习具有更大的开放性，合作学习的学习者可以是基于网络的合作伙伴，包含不同的年龄、知识背景和能力倾向的人群等。这种学习合作者自身特征上的多元化，使得人际参与的开放性在理论上得以无限延伸。学习者在广阔的参与圈内会面临各种交互形式，会使学习者获得不同程度、不同形式的多种参与经验。

第二，信息化合作学习体现了学习的活动性。在信息技术环境中，特别是在网络合作的环境中，利用电子通信、文件记录保存和处理信息，资料的记录、保管、整理任务由计算机系统完成，有利于参与合作学习的成员全身心投入，提高学习效率。

第三，信息化合作学习表现出了中介手段的多样性。信息化合作学习获取学习内容、学习资源和学习服务支持的方式灵活多样，合作交互活动增加了合作的渠道。在信息化学习中，合作学习的各种交互协作活动可以借助信息技术来实现。学生可以利用 QQ、Wechat、E-mail 等网络技术及各种相关的信息技术获取合作学习所需的学习内容、学习资源和学习服务支持等。教师可以将学习内容发布在博客、论坛或 FTP 上，使学生方便获取。学生也可以将自己找到的资料通过网络技术与大家共享。

3. 合理引导高职生进行信息化条件下英语合作学习

（1）学校积极引导

高职应该发挥教育教学在学生合作学习中的导向作用，为学生创造组建合作小组的平台和机会，提供计算机、网络等网络合作学习条件。高职在网络文化建设中，应为学生营造团队协作、互帮互助和开放创新的网络学习氛围，倡导积极健康的网络文化，正向引导学生的学习价值取向、学习行为和学习态度。

（2）英语教师有效指导

高职英语教师首先应尽可能地了解学生之间的异与同，通过采用合作学习的课堂组织形式，促进师生之间与生生之间的相互了解，达到情感上的共鸣，进而更为有效地交流思想、沟通情感，充分调动学生的学习热情，挖掘学生各自的优势，取长补短，通过团队合作，实现学习效果的最优化。

（3）合理选取学习内容

在英语课程教学中，英语教师应按以下原则合理选取学习内容，有效引导学生合作学习。第一，合作学习的内容必须是通过多个人一起才能完成的内容。第二，合作学习的学习内容要便于分工。由于合作学习是由小组成员分工协作完成学习任务，在学习过程中需要把学习任务分派给不同的成员，因此学习内容一定要能划分为较小的任务模块。第三，学习内容的不同模块之间存在交互部分。合作学习不是单纯地一起学习，而是交互式学习，各成员在学习活动中不是单纯地完成各自的任务就可以了，而是在学习过程中各成员的任务应该相互联系，学生们在学习中需要交流和协作。

（4）有效分组

信息化合作学习不是简单地把学习者分成几个小组即可。小组合作学习不能停留在表面形式上，应该遵循"组内异质，组间同质"的分组原则和方法，将学习者合理搭配，小组人数可安排在 5~7 人之间，学习课题可以相同，也可以不同，确保每位成员都被分配到一个有效活动的角色。

（5）构建和谐合作氛围

信息化合作学习所具有的时间和空间上的特殊性，使得合作气氛的构建变得更为重要。如果不能激发学习者的学习热情，不能促使学习者积极主动地参与，或者学习者只是一时兴起而不能坚持到底，都会影响信息化合作学习的质量。

(6) 有效进行反思

每项任务完成后须先在小组内部进行讨论，提出存在的缺陷，分析原因，进而完善之前的结论或解决方案；待各项子目标或子任务完成且组内审核通过后，小组长须组织全体组员共同讨论将其有效整合为完整的小组成果；小组成绩根据每个组员的表现以及小组的整体表现与成果综合给分；每个小组要对本组合作学习进行反思，提出存在的问题或困惑，查找和分析主客观因素，最后做出小组内评价；小组间进行互评，提出各自的意见和建议。在整个教学的过程中，教师始终作为一名参与者、咨询者、指导者和监督者，密切关注学生合作学习的整体进展情况，全程为学生提供咨询、指导与帮助，开启学生的思维，鼓励学生主动探究，引导学生学会发现问题、分析问题并能解决问题。

第三节 信息化教学软硬件建设与开发

随着信息化时代的到来，信息技术不断推陈出新，信息化教学资源日益丰富，智慧教室建设方兴未艾，为高职英语教学提供了广阔的舞台。实践证明，学科教学方法与教学资源软硬件有效融合，不仅极大地提高了课堂教学效率，有效地激发了学生的学习兴趣和认知主体的动机，唤起了学生学习的积极性和主动性，而且在学习过程中更有助于学生形成新思想、新观念、新方法，增强了学生的创新意识，培养了学生的观察能力、思维能力和创新能力，较好地提高了教学质量。因此，在信息化教学中进行有效的教学资源软硬件建设已经成为学校教育发展不可缺少的重要内容。

一、智慧教室

(一) 智慧教室概述

教室是一个教与学的物理场所，是学习环境的物化。信息技术的快速发展对教育领域产生了极大的影响，新科技、新设备，如笔记本电脑、投影仪、计算机、电子白板等进入教学课堂中，构成了数字学习环境。智慧学习环境是在物联网、云计算、人机交互等新兴信息技术的飞速发展下，以及启发式教学、参与式教学、探究式教学等新型教学模式的不断推广与深入下，由数字学习环境演变出的一种高端形态。智慧教室是智慧学习环境的物化，是基于传统多媒体教室和录播教室功能，融合了先进的人机交互、智能感知、云端一体化教学平台等功能的新一代信息化、开放化的互动式教室形态。

智慧教室的特性可概括为内容呈现（Showing）、环境管理（Manageable）、资源获取（Accessible）、及时互动（Real-time Interactive）、情境感知（Testing）五个维度。这五个维度正好组成"SMART"，是智慧教室（Smart Classroom）特征的体现。

（二）智慧教室与英语信息化教学

智慧教室学习环境中的信息化教学平台和移动终端工具可以促进师生交流，拓展教学智能，促进学生认知。高职英语教师应该充分发挥智慧教室信息化教学环境的优势，利用信息技术为学习者营造逼真的学习情境，让学习者在逼真的学习情境中学习体验，激发学习者的学习兴趣，有效促进知识的内化和运用。因此，基于智慧教室的高职英语教学模式应充分利用智慧教室的技术优势，提倡并鼓励学生自主探究、讨论分享，积极参与课堂教学互动，培养学生的创新思维和探究能力。

1. 基于不同智慧教室的信息化教学模式

从内容呈现（Showing）、资源获取（Accessible）、及时互动（Real-time Interactive）三个维度分析，智慧教室分成"高清晰"型、"深体验"型和"强交互"型三种类型，其特征如表4-1所示。

表 4-1 三种类型的智慧教室比较

类型/维度	教学模式	教室布局	内容呈现	资源获取	及时交互
"高清晰"型	传递—接受	"秧苗式"为主	双屏显示无线投影	支持讲授的资源和工具	以师生互动为主
"深体验"型	探究性	多种布局均可	学生终端	丰富的资源和教学工具；全面支持各种终端接入	以生机交互为主
"强交互"型	小组协作	"圆形"为主	小组终端	支持小组协作的资源和工具	以终端支持的生生交互为主

"高清晰"型智慧教室支持"传递—接受"式教学模式，双屏显示合理呈现教学内容，学生的座位基本固定，及时交互以师生互动为主。该类智慧教室支持学生即时获取和存储丰富的教学资源，促进学生有意义学习。高职英语教学中听说教学，尤其是视听说教学通过"高清晰"型智慧教室能更好地传递教学信息。

"深体验"型智慧教室支持探究性教学模式，学生座位布局灵活，教学内容呈现以学生个人终端为主，支持学生自主学习、深入探究。该类智慧教室支持各种终端接入，保证学生对各种教学资源的方便获取，并通过计算机或移动设备进行信息反馈促进学生进行"个人探究"学习，培养学生的探究与发现精神。在高职英语教学中，当英语教师开展写作训练或翻译训练时，"深体验"型智慧教室有助于支持高职生开展自主性的个人探究学习。

"强交互"型智慧教室支持小组协作学习，学生座位布局以"圆形"为主，教学内容呈现以小组终端为主。该类智慧教室支持学生使用小组无线终端进行即时讨论交流、协同创作，课堂交互以生生互动为主，适合开展以小组协作为主体的课堂教学，培养学生的合作交流意识与创新思维能力。在高职英语教学中，"强交互"型智慧教室能有力地支持开展以小组为单位的讨论。

2. 智慧教室 ARS 互动教学模式

智慧教室的 ARS（Audience Response Systems，教学应答系统）互动教学模式，是指课前、课中、课后一体化的教学活动设计，教师的教学策略为问题驱动、引导、调节和评价，学生的学习方式为自主、合作、探究、自我评价。

高职英语教师在教学中运用该教学模式时，可通过课前、课中、课后三阶段来实现。课前，教师上传资源布置任务，学生预习和完成作业；课中，教师根据学生预习反馈情况确立教学起点，组织课堂教学，呈现问题，学生即时反馈，教师依据学生反馈的信息组织同伴教学或全班讨论，学生互评，最后教师讲评和总结，学生依据反馈信息调整学习；课后，教师布置分层作业，进行教学反思，学生拓展练习，进行学习反思。

3. 基于智慧教室的混合式教学模式

该教学模式注重将线下和线上的资源结合起来使用，强调线下线上一体，注重运用情境增强学习者的感受体验，通过游戏将学习趣味化，创造轻松愉悦的学习氛围。该模式分为三个阶段：混合式教学的前期准备阶段、混合式教学活动、基于智慧教室的混合学习实施与评价。

高职英语教师在运用该模式组织英语教学时，在前期准备阶段，首先要进行学习者分析、学习内容分析、学习环境分析，通过对这些要素的分析进行智慧教学资源的设计与开发，将所有资源上传至云平台，供学生观看学习。上课前，打开智慧教学系统进行课堂录播，课外学生可以扫码实时进入课堂，也可供学生课后复习时观看。在教学活动阶段，进行课前"热身"活动，教师登录云平台，将提前设计好的教学资源上传至云平台，然后发布任务单，学生查看教师发布的任务单并点击资源完成相应的任务，这部分活动在云平台上完成。课程开始后进入课中学习，教师播放准备好的教学资源，进行新课的讲解，采用传统课堂的上课节奏，并以游戏化教学进行教学点拨，设置相应的教学互动环节，利用情境教学法让学生充分参与，加强交流和沟通能力，让学生更好地理解教学内容，提高学生的兴趣，同时解决课程中遇到的实际问题。

二、信息化条件下的教学资源建设

教学资源库建设是促进主动式、协作式、研究型、自主型学习，形成开放、高效的新型教学模式的重要途径。教学资源库建设平台是以资源共建共享为目的，以创建精品资源和进行网络教学为核心，面向海量资源处理，集资源分布式存储、资源管理、资源评价、知识管理为一体的资源管理平台。信息化教学资源是教学资源库的重要组成部分。

（一）信息化教学资源的分类及特点

1. 信息化教学资源的定义

信息化教学资源属于信息资源的范畴，是从狭义理解的一种特殊的信息资源，是一种经过合理选取、组织之后形成有序化，有利于学习者自身发展的有用信息的集合。信息化教学资源是指蕴含着大量的教育信息，在学与教的过程中，通过使用者的使用能创造出一定的教育价值，且以数字化形式存在，并可以在互联网上进行传输的信息资源。

2. 信息化教学资源的分类

从信息技术的角度看，教学资源分为媒体素材类教学资源、集成型教学资源、网络课程教学资源三大类。

（1）媒体素材类教学资源

媒体素材类教学资源是教学信息传播的基本材料单元，可分为文字资源、图形/图像资源、音频资源、动画资源和视频资源五大类。

第一类是文字资源。文字是进行信息交流的一种重要手段，它是通过一定的符号来表达信息的一种工具，其根本作用在于承载信息与传递信息。在教与学的过程中，教科书、练习册等主要以文字进行信息传播。因在网络信息传播中使用文字时，不仅有字体、字号大小、颜色的变化，而且还有新的拓展，因此一般用"文本"这个词来代表网络上的"文字"这个词。

第二类是图形/图像资源。图形是教与学的过程中比较特殊的一种资源，因其较抽象，所以在传播中承载的信息量较少。图形有数据量小、不易失真的特点，因此图形在多媒体教学和网络传播中应用较多。从最终的呈现来看，图形与静态图像没有太大区别。图像也是一种较特殊的教学资源。在信息技术环境下所使用的图像，与报纸、杂志和电视使用的图像相比，有如下特点：

①信息量大。信息技术环境下所用的图片色彩丰富、层次感强，可以真实地重现生活环境（如照片），因此其承载的信息量较大。一般情况下，我们都是用

数字技术把图片压缩并存储在服务器中，容量巨大。

②选择性强。静态图像非常逼真、生动、形象，可以提供较高质量的感知材料。图片多，传递的信息也多，受众通过图片来获得信息时的选择余地就很大。受众可以根据自己的需要和爱好来挑选图片，将其保存到自己的计算机上，或者将图片打印出来，以后慢慢欣赏。

③可编辑性强。受众可以对图片进行放大、缩小和编辑。报纸、杂志在刊登图片时，其大小是固定不变的，受众更不能对图片进行编辑。信息技术环境下所使用的图片，受众可以点击将图片放大或缩小，也可以用专门的软件对其进行编辑和修改，如用photoshop可将图片处理成油画效果、水彩画效果、浮雕效果等。

第三类是音频资源。音频包括波形音频、CD-DA音频和MIDI音频。波形音频是记录声音的最直接形式，对记录与播放的环境要求不高，因此在媒体教学软件中应用最多，缺点是数据量比较大。CD-DA音频又称数字音频光盘，是高质量立体声的一个国际标准。MIDI音频的播放需要借助解码器，因此对环境要求较高，但由于其数据量比较小，非常适合在呈现背景音乐的场合使用。音频属于过程性信息，有利于限定和解释画面。音频在教学中如果应用得当的话，不仅能用于传递教学信息，调动学生积极使用听觉接受知识，还有利于集中学生学习的注意力，陶冶学生的情操，激发学生学习的潜力。

第四类是动画资源。动画是通过连续播放一系列画面，给视觉造成连续变化的图画，是对事物运动、变化过程的模拟。它的基本原理与电影、电视一样，都是视觉原理。一般来说，用来传递信息的动画都需要借助专门的工具进行制作。这些动画，按动作的表现形式来区分，大致分为接近自然动作的"完善动画"和简化、夸张的"局限动画"；如果从空间的视觉效果上看，可分为平面动画和三维动画；从播放效果上看，可以分为顺序动画（连续动作）和交互式动画（反复动作）；从每秒播放的幅数来讲，还有全动画和半动画之分。动画在制作过程中，忽略了事物运动、变化过程中的次要因素，突出强化了其本质要素，因此有利于描述事物运动、变化过程。此外，经过创造设计的动画更加生动、有趣，有利于激发学习者的学习兴趣和积极性。

第五类是视频资源。同动画媒体相比，视频是对现实世界的真实记录。视频具有表现事物细节的能力，适宜呈现一些学习者感觉较陌生的事物，它的信息量较大，具有更强的感染力。通常情况下，视频采用声像复合格式，即在呈现事物图像的时候，同时伴有解说效果或背景音乐。当然，视频在呈现色彩丰富的画面的同时，也可能传递大量的无关信息，如果不加鉴别，便会成为学生学习的干扰。

（2）集成型教学资源

集成型教学资源一般根据特定的教学目的和应用目的集合而成，是一种将多媒体素材和资源进行有效组织的"复合型"资源。按照这些资源的实际应用形态，又可以将其分为课件与网络课件、案例、操作与练习型、虚拟实验型、微世界、教育游戏类、电子期刊类、教学模拟类、教育专题网站、研究性学习专题、问题解答型、信息检索型、练习测试型、认知工具类和探究性学习对象等。

下面就常用的集成型教学资源做简单介绍。

①试题库：试题库是按照一定的教育测量理论，在计算机系统中实现的某个学科题目的集合，是在数学模型基础上建立起来的教育测量工具。

②试卷：试卷是用于进行多种类型测试的典型成套试题。

③课件与网络课件：课件与网络课件是对一个或几个知识点实施相对完整教学的教育、教学的软件。根据运行平台划分，可分为网络版和单机运行的课件。网络版的课件需要能在标准浏览器中运行，并且能通过网络教学环境被大家共享，单机运行的课件可通过网络下载后在本地计算机上运行。

④案例：案例是指由各种媒体元素组合表现的有现实指导意义和教学意义的代表性事件或现象。

⑤文献资料：文献资料是指有关教育方面的政策、法规、条例、规章制度，对重大事件的记录、重要文章、书籍等。

⑥常见问题解答：常见问题解答是针对某一具体领域最常出现的问题给出全面的解答。

⑦资源目录索引：列出某一领域中相关的网络资源地址链接和非网络资源的索引。

（3）网络课程教学资源

网络课程指通过网络表现的某门学科的教学内容及实施的教学活动的总和，它包括两个组成部分：按一定的教学目标、教学策略组织起来的教学内容和网络教学支撑环境。其中网络教学支撑环境特指支持网络教学的软件工具、教学资源以及在网络教学平台上实施的教学活动。网络课程顺应人们需要终身学习这一趋势，给人们随时获取知识提供便利和强有力的支持。

3. 信息化教学资源的特点

传统的教学资源易受环境、条件的限制，如书本、报纸、杂志等时间长了易发黄，录像带或录音带上的内容时间长了会因环境过于干燥而磁粉脱落，或因环境过于潮湿而发生粘连。随着信息技术的发展，现代信息技术环境下的教学资源，改善了传统教学资源的不足。信息化教学资源具有以下特点：

（1）存储与传播的数字化

数字化是计算机数据和网络传播的本质特性。当今世界，各行各业的信息处理趋于数字化，由计算机和计算机网络构成的信息处理系统和信息传输系统已将世界的各个角落连为一个"村落"。在这个世界中，人们在信息处理、加工传输等方面，都是以数字化方式进行的。正如构成物质世界的基本单元是原子一样，计算机处理的数据是以 0 和 1 两种状态存在的比特，构成网络信息世界的基本单元也是以 0 和 1 两种状态存在的比特。无论是形式多样的图像，还是悦耳动听的声音，归根结底都是通过 0 和 1 这两个数字信号的不同排列组合来表达。这使得信息第一次不仅在内容上，而且在形式上获得了同一性。

（2）教学资源的丰富性

网络空间无限，通过网络可传送多种媒体教学信息，如文字、声音、视频、动画等，这不但打破了传统教育中单一的教学信息局面，而且极大地丰富了教学资源的种类，满足了不同层次学习者对学习的需求。同时，网络在信息传送方面非常迅速、快捷，这使得其能够快而新并且丰富地反映当今的教学内容，不拘泥一地一校的范围，可以通过模拟图书馆或教学资料库的形式，收集大量相关的专业知识资料，反映学科最新的发展动态，提供同一学科不同的教学内容。学习者可以及时获得适合自己的教学资源，如最新的教学大纲与构思、教学资料、网络教程、各种教学软件等。

（3）教学资源的开放性

网络的飞速发展，使得硕大的地球变为"地球村"，因此各类教学资源也具有了前所未有的开放性。教学资源的开放性主要表现为教学资源完全打破了传统的或者说物理上的空间限制。从北京到上海与从北京到纽约的距离，在网络上是一样的，真实的地理距离不存在了，国界等限制也不存在了，网络上的教学资源可以随用随取。

（4）教学资源的可扩展性

传统的教学资源可加工性、处理性较弱，且不易推广应用，如教学挂图等教具很难进行再加工。信息化时代完全打破了传统教学资源的这种弊端，使得教学资源具有较大的可扩展性，学习者可在现有资源的基础上进行横向扩展和纵向的精加工，以满足不同学习者或同一学习者不同时期的学习需要。

（5）教学资源的再生性

信息时代是一个富有创造性的时代，信息时代的教学资源可以在学习者的积极参与下，通过学习者利用信息技术对知识的整合、再创造来实现教学资源的再加工、再创造，从而丰富其内容。

（6）教学资源使用的灵活性

计算机网络打破了传统教学资源在使用时的时空瓶颈，学习者在学习时可以自由选择课程、教师、学习进度和学习时间，可以从网上查询自己想学的课程和资料。学习者在网上学习既可以是实时的，即异地教师、学习者在同一时间进行教学活动，也可以是非实时的，即教师预先将教学内容及要求存放在服务器中，学习者根据自己的时间安排，在网上下载进行学习。只要有网络的地方，都是学习的场所，同时学习者还可以通过网络向教师提出问题，和其他学生进行讨论。

（7）师生在学习活动中的交互性

传统教学中，师生虽可进行同步交流活动，但受到时间、地点的限制。信息技术环境下，网络资源一改以往书籍、报刊等印刷品以及广播电视等电子信息的单向传递方式，也不同于电话必须同步双向交流的方式，利用网络工具进行教与学，打破了时空的界限。学习者可以用同步或不同步的方式进行学习，教师与学生、学生与学生之间可以进行双向和多向的信息交流，双方可以采用文字、声音、视频等媒体进行信息的交流。

（二）高职英语教学资源库建设路径

1. 抓准英语课程特点

就内容而言，英语教学资源库的建设可以分为普通用途英语教学资源库和特殊用途英语教学资源库两个大类。以行业英语为例，行业英语课程特点主要包括三个。第一，行业英语教学内容都是以行业企业的实际工作情境为载体，借助职业任务呈现教学内容，因此行业英语教学具有很强的职业情境性。第二，行业英语的教学目标是培养学生在职业情境中综合运用英语完成交际任务的能力，具有实用性强的特点。因此，行业英语教学不仅有英语语言知识教学特点，更强调通过大量的角色扮演、任务实施等实践应用性教学活动实现对学生语言运用能力的培养。第三，行业英语教学手段上呈现出现代化的趋势。随着互联网技术的发展，计算机、多媒体、移动终端等都逐步被用于行业英语课堂教学与课外学习。借助信息技术与网络技术开展教学，将逐步成为行业英语教学的常态，这将为提高行业英语教学效率和教学质量奠定基础。以上特点要求在建设行业英语教学资源时，除了要提供行业英语的学科知识，更重要的是要提供有利于语言学习和应用能力培养的资源类型，如职业活动场景视频和语言情景练习互动软件等。总之，行业英语教学资源只有与行业企业实际需求实现"零距离"，才能充分发挥行业英语课程的育人作用，实现学生在行业英语领域语言能力的提升，为进一步学习更专业化的职业英语奠定良好基础。

2. 开发高效能的教学资源

建设好高职英语教学资源库，在教学资源的开发上需要把握好四个方面，即资源素材模块化、资源形式立体化、资源建设生成性、资源功能交互性。

（1）资源素材模块化

资源素材模块化是指英语教学资源在选择与划分基本素材过程中采用按照教学或学习主题确定建设素材模块的方式，搭建资源体系的基本框架。这一理念来源于模块课程理念，是指按照程序模块化的构想和编制原则而设计的课程模式，是以课程的教育教学、管理功能分析为基础，充分考虑课程编制与课程实施的要求，将课程内容分解为合理的课程模块，并逐步开发出众多的课程模块，进而形成课程模块库。

英语教学资源建设过程中充分考虑其资源内容与职业任务之间的对应关系，以职业情境为单位建设相对完整独立的资源模块。这一思路跳出了传统的单一线性课程编写体系，便于学生自主学习，也便于教师灵活选择、组合适当的教学内容开展教学活动。另外，模块化的资源体系中，每一个资源模块都相对完整独立，便于在教学过程中对任何一个模块开展修改与完善，为保证英语教学内容与学生职业发展同步提供可能。

（2）资源形式立体化

资源形式立体化是指在建设英语教学资源过程中对教学内容、教学策略、使用媒介等进行多层次科学设计，保证教学资源适合不同层次与不同学习阶段的学生。"互联网+"背景下，开展教学资源建设的根本目的，是借助信息技术与网络技术的优势，建设丰富的学习资源，提供多样的学习与评价方式，使教学资源可以全方位、多层次、多角度、实时或非实时地予以组织和呈现，更好地实现教学过程的开放、交互、共享、协作以及学生学习的自主化、个性化。

（3）资源建设生成性

资源建设生成性是指英语教学资源的内容建设过程不是封闭的，而是一个开放、持续的过程。高职英语必须有与企业发展密切联系的课程，教学内容必须具有明显的职业导向性，教学内容必须能够反映职业任务的真实场景与语言要求。因此，需要根据行业企业的发展及时更新、调整课程教学内容，提高课程教学内容的适应性。"互联网+"背景下，信息技术与网络技术的发展实现了教学资源的数字化，也为随时更新教学内容提供了可能，使英语教学资源的建设具有了开放性和持续性。英语教学资源内容可以根据企业发展中的变化随时更新、替换，也可以根据教学需求不断丰富完善，使英语教学资源在建设过程呈现出边使用边建设的状态，体现出本课程教学资源建设的生成性特点。

（4）资源功能交互性

资源功能交互性是指"互联网+"背景下英语教学资源已经不是仅仅能够呈现教学内容的静态资源，而是具有服务教师教学与学生学习功能的交互性资源。信息技术的发展不仅带来教育教学形式的变革，更重要的是促进了教育教学理念的转变，人们从关注教师的教转变为关注学生的学，教学资源建设也从关注为教师教学提供辅助资源，转变为支撑学生的学习。新理念更强调教学资源为学生的主动学习服务与满足学生个性化学习需求服务。从学生的角度出发建设具有交互功能的学习资源，既有利于学生的自主学习，更能有效地激发学生的学习兴趣。

3. 开展多主体合作协同

高职英语课程的任务是培养学生在职业情境中综合运用英语语言完成职业任

务的能力。这一要求决定了英语教学资源在内容选择与学习任务设计方面，要同时关注英语语言知识与职业知识、英语语言技能与职业能力的有机结合。显而易见，英语教材的编写仅仅依靠英语教师是很难完成的，必须组建英语教师、专业教师与企业专家共同组成的编写团队，实现英语教师与专业教师知识互补，学校教师与行业专家同时发挥优势、共同合作，开展教学资源建设。

教学资源建设过程中，英语教师与专业教师共同商讨形成教学资源建设的体例结构。英语教师根据资源建设思路提出教学资源内容的设想，专业教师从行业工作任务角度给出内容选择与建设的建议，行业专家则对教学资源素材内容的实用性与时代性进行把关。多主体参与教学资源建设可以避免教学资源仅关注语言知识体系的建构，忽略教学资源应具备的行业内容特点；可以避免教学资源脱离行业发展实际，在学生能力培养上与行业企业需求产生差距，保证教学资源在以语言学习为核心的基础上具有鲜明的行业导向与较好的适应性。

4. 建立有效的运营管理机制

教学资源建设是为了适应课堂教学信息化与学生学习信息化的需求。教学资源建设后实现资源共享不仅能够更大范围地发挥资源建设的作用，也有利于优质资源的传播与教育公平，实现教育社会化的目的。因此，有必要建立起有效的运营管理机制，实现英语教学资源的可持续发展。

以行业英语为例，行业英语的教学资源内容不仅是职业院校英语教学内容，也是行业企业职工继续教育的学习内容。行业英语教学资源同样适用于希望在相关行业寻求职业发展的人员，可以作为职前培训与学习内容，具有广泛的社会需求。因此，行业英语教学资源在共享过程中引入商业化运营机制，不仅可以实现前期资源建设成果的价值转化，吸引社会各界资金进入教育教学领域，促进教学资源更好地建设，还可以及时了解市场需求，对资源建设的内容、类型等进行评估与调整，提高资源建设的适应性。商业运营的机制有利于教学资源的持续建设与后续建设与维护，为资源建设的可持续发展提供了机制保障。

三、高职英语信息化软硬件建设的生态融合

（一）生态学的核心概念

1. 生态系统

生态系统是指在一定的空间内，生物的成分和非生物的成分通过物质的循环和能量的流动互相作用、互相依存而构成的一个生态学功能单位。"系统"一词用来说明各种要素之间的相互关系。一个系统可以视为一个组成部分，而这些成分之间借由某种相互关系连接为一个整体。系统研究关注的是系统中各成分之间的功能关系，而不是孤立地研究某一种特定的成分。

生态系统具有下面一些共同的特征：

（1）生态系统是生态学上的一个主要结构和功能单位。

（2）生态系统的结构与构成生态系统的物种的多样性有关，生态系统结构越复杂，其中的物种数目也就越多。

（3）生态系统的功能离不开能量的流动和物质的循环。

（4）生态系统越复杂，能量传递的效率越高，而维持自身存在所需要的能量相对来说就越少。

（5）生态系统是一个动态系统，要经历一个从简单到复杂、从不成熟到成熟的演变过程。

（6）生态系统中环境的改变是对生物成分施加的一种压力，那些不能调整自己以适应变化了的环境的生物就会从生态系统中消失。

总之，生态系统的基本点在于强调系统中各因子之间的相互联系、相互作用以及功能上的统一。生态系统是有边界、有范围、有层次的系统，任何一个被研究的系统都可以和周围环境组成一个更大的系统，成为较高一级系统的组成部分，而且它本身又可以由许多子系统或亚系统构成。

2. 生态因子的概念及其特征

生态因子是指环境中对生物的生长、发育、生殖、行为和分布有着直接或间接影响的环境要素。生态因子是生物存在所不可缺少的环境条件。在任何一种生

物的生存环境中都存在着很多生态因子，这些生态因子在其性质、特性和强度方面各不相同。它们之间彼此制约、相互组合，构成了多种多样的生存环境。

概括来看，生态因子大致具有以下特点：

（1）综合性。每一个生态因子都是在与其他因子的相互影响、相互制约中起作用的，任何一个因子的变化都会在不同程度上引起其他因子的变化。

（2）非等价性。对生物起作用的诸多因子是非等价的，其中必有 1 至 2 个是起主要作用的主导因子。主导因子的改变常会引起其他生态因子发生明显的变化。

（3）不可替代性和互补性。一个因子不能由另一个因子来替代。

（4）限定性。生物在生长发育的不同阶段往往需要不同类型或不同强度的生态因子，因此某一生态因子的有益作用常常只限于生物生长发育的某一特定阶段。

3. 生态平衡概念及其特点

生态系统中的每一个组成部分形成相互联系、相互制约的统一体。生态系统发展到一定阶段，其生产者、消费者、分解者以及非生物环境之间，在一定条件下保持能量与物质输入、输出动态的相对稳定，而且是在长时间内保持着一种动态平衡。生态平衡是指生态系统的平衡，及生态系统各组成部分的相互依赖的关系。生态平衡是生态系统长期进化所形成的一种动态平衡，该平衡取决于生态系统的自我维护和自我调节，是建立在各种成分结构的运动特性及其相互关系基础上的。人文社会有其自身的生态系统。正如学者指出，社会生态系统是由教育、政治、经济、文化、人口等子系统共同构成的复合生态系统。生态平衡不可能是永恒的，只可能是暂时的、动态的。由不平衡到平衡，周而复始地演进，是生态学中的重要规律。也就是说，保持生态系统的平衡，并不意味着保持生态系统的稳固不变。变化是宇宙间一切事物的最根本属性，生态平衡不是静止的平衡，它总会因系统内某一部分发生变化，引起不平衡。教育生态系统不仅处于与其他子系统的联系之中，处于教育生态系统内部各子系统的彼此联系之中，而且，这些联系又都是动态的联系，处于平衡—不平衡—新的平衡的运动、变化、发展之中。

（二）生态学理论对信息化教学软硬件建设的启示

1. 充分重视各生态因子的作用

高职英语的信息化教学软硬件建设涉及智慧教室、电脑软硬件、微课、慕课、即时通信软件、学习 APP、网络等，构成了一个生态系统。各个生态因子在这个系统内流动，都是这个系统内不可缺少的部分。虽然主导因子与非主导生态因子在系统中所发挥的作用不能等同，但是任何一个生态因子都具有其他因子不可替代的作用和功能。因此，各生态因子的功能和作用都要得到重视，不可偏废。如，智慧教室在建成投入使用后，仍要保持对它的重视，及时维护设备、更新软件。保持智慧教室的良好功能有助于信息化教学的顺利开展，因为各生态因子之间彼此制约、相互组合。

2. 保持系统整体开放性和交互性

生态学理论认为，所有系统的共同的基本特征是整体性、关联性、层级结构性、动态平衡性和时序性。按照开放与否的标准来分，系统有两种基本类型：一种是封闭系统，即系统和周围环境之间没有物质和能量的交换；另一种是开放系统，在开放系统内外常有物质和能量的交换。绝大多数的系统都是开放系统。生态系统的重要规律体现为整体功能大于各部分功能之和。而开放性的系统，由于其具有开放性和交互性，才是具有循环的动态系统，才能促进新陈代谢。

高职英语的信息化教学软硬件是个生态系统，着眼于可持续发展，它就应当保持开放性。如，对于学习软件，应从提升教学效能的角度出发，及时升级或更换。对于微课作品也应持同样观点，即发现同一主题或内容的微课有更好的作品面世，就应当考虑用新的作品取代旧的作品，系统内部要保持有进有出，能实现新陈代谢。同时，本系统应充分促进各生态因子之间的互动，如智慧教室的智慧黑板与学习软件之间的互动，两者的互动可以生成新的教学模式，可以拓展高职英语教学的新思路、新方法。各个因子之间进行互动，促进整个系统的发展，即各种组成部分多元共存、和谐共生，信息化教学有序、有效发展。

3. 促进系统内的协同有序发展

生态学认为，在一个复杂的系统中的许多自由度里，不稳定的自由度会把稳定的自由度拖着走，一直拖到空间中的某一点，即系统的一个稳定状态，这种促成稳定状态的力量被称为机体的系统作用。这就进一步决定了复杂系统如何从无序走到有序的整体。尽管系统的类别千差万别，但是各个系统之间存在着相互影响又相互合作的关系。

高职英语信息化教学资源的整合体现了系统的协同性。高职英语信息化教学资源的整合受到教师信息素养、信息技术、硬件等诸多因子的影响甚至制约。整合资源会给系统造成不稳定，如不能如期完成，或没有取得预期的效果。此时，相关因子之间的协同变得尤为重要。如，对于相关新技术的采用和推广不要操之过急，不违背客观规律；在充分利用外界资源的基础上，提高本校英语教师的教学技能和专业水平；高职英语教学资源整合可采取先点后面、先易后难、边改进边完善的方式，由小范围试点开始，逐步积累成熟的经验、逐步进行推广。

第五章　高职英语教学模式改革

第一节　高职英语微课教学模式

一、微课简介

伴随着无线网络、视频压缩、传输技术以及移动智能终端的飞速发展，互联网进入了"微时代"，微信、微博以及微视频已经成了目前人际交流以及信息分享的主要途径。信息技术与社会文化的深度融合正在改变人们的生产和生活方式，也对我国的教育改革提出了新要求。传统教学方式以教师为中心，学生被动接受知识，教学效率低下；而微课程作为一种新兴的在线教学资源，可以弥补传统课堂教学中存在的不足，对提高教学质量有很大帮助。移动学习、泛在学习、翻转课堂等新型学习方式的出现为我国教育发展带来了新的机遇与挑战，传统的教学模式面临着一场变革。微课也成了"微时代"背景下新的教学模式探索之一。

信息技术与移动学习、泛在学习、碎片化学习、慕课以及翻转课堂相整合的学习理念为微课的广泛运用和传播提供广阔空间。近年来，随着智能手机等各种移动设备的普及和新媒体技术的快速发展，微课程开始出现并得到迅速推广。微课是在线学习与移动学习中重要的数字化学习资源之一，由于其顺应了网络时代学习渠道多元化、学习方式微型化与学习时间碎片化的特点，因而备受人们的关注与青睐。关于微课内涵、设计、开发及应用等方面的研究，也已成为网络学习、移动学习等领域关注的焦点及热点问题。

（一）微课的概念

微课指的是小型的课，其主要特点是时间比较短、内容不多，能够用于在一点一滴的时间碎片中学到某个知识点、解决某个问题、掌握某个技能等。它是以视频作为载体记录教师围绕某个知识点或教学环节而开展的教与学活动全过程的一种教学资源。微课的课堂，既可理解成讲课又可理解成课程，因此又被称为微课程。

(二) 微课的特点

1. 时间短

微课视频一般要求 10 分钟左右，视频简短，其内容主要针对教学活动的重点与难点进行着力分析。学生通过观看这种短小精悍的教学视频，获取有针对性的学科知识，能够在短时间内将自身的注意力集中到学科重点内容上，也不会引起学生视觉疲劳。

2. 内容精

微课视频教学内容是将学科核心知识内容进行提炼，对重点知识进行重点解析，而不是简单地将学科知识罗列出来；聚焦性的教学内容使学习者能够有针对性地学习学科重点内容，并能够发散思维、见微知著。这种启发式的微课教学便于学生根据自身的学习情况，灵活地选择学习起点。

3. 容量小

在容量规模上，微课视频及配套资源合计仅有数十兆，非常便于学习者在线播放及下载。微课视频格式通常是指 rm 和 wmv 这两种支持网络在线播放的视频格式，教师可在网上浏览并查看有关教案、课件和其他教学资源。随着教育技术发展，微课成为一种新型的教学方式。它以其独特的优势被广泛运用于教学实践之中。学生可根据需要下载微课资料至其电脑或手机等终端设备上，从而为其实现移动学习、泛在学习奠定学习基础。教师在平时观察、反思和学习时都可以借助微课视频进行。

4. 系列化

微课通过教学视频片段这一载体，覆盖了教案、教学反思、学生反馈和专家点评等与教学活动相关的教学资源，构成系列完备的专题单元资源包，为学生提供主题鲜明、逻辑性强、解析翔实的教学内容，同时也为学生营造了一个鲜活的微教学环境。微课教学就其本质而言是视频教学案例的一种，其特点是将视频教学案例真实、具体、典型地呈现给学生，驱动教师和学生形成隐性知识和其他高阶思维学习能力。在这一现实微课教学场景下，教师本身教学观念不断更新，教学技能不断增强，教师专业能力与教学水平不断提升。与此同时，学生学习效率以及学习效果都将有明显的提高。微课视频在某种程度上促进了学校教育教学模式改革，也是现代师生学习中重要的教育资源之一。

5. 针对性

微课视频的内容一般是针对教育教学实践中存在的具体重点问题，包括教学反思、生活思考、重难点突破、相关的学习策略、教学方法、教学观念等一些具有针对性的课程主题，师生在这种微课视频提供的真实具体的学习环境下，运用或自主或协作的方式进行思考与解决问题，比较容易实现相应的主题目标。

6. 实用性

微课的开发一般包括紧密联系教学内容、教学目标和教学手段三方面。教师将自己熟悉的、比较感兴趣的以及自身能解决的问题，通过微课视频呈现出来，引导学生进行讨论交流，体现教师"为了教学、通过教学"的微课实用性教学思想。另外，由于微课内容的短小，每个人都可以进行课程研究、进行趣味创作。

7. 灵活性

图文、PPT、视频、融媒体均可作为微课课程内容载体，正因为有了丰富多彩的微课形式才使微课能够被灵活地选择应用于教学实践活动。它不仅具有传统课程所不具备的优势，而且能够通过对教学内容进行一定程度上的延伸和拓展，使之更具吸引力。同时还可以为学习者提供更多自主学习的机会。另外，短小精悍的内容使微课资源容量比较小，能够在不同的终端设备上进行播放，从而极大地拓展了它的使用范围，使学生能够更便捷地获得自身所需求的教学资源。

8. 充分性

微课与一般讲课、听课、评课等随机性教学方式不同，微课给老师们留下了相当多的备课时间，让教师可以充分地进行教学演练和微课的拍摄活动。教师能够在互相帮助下完成课程预演工作，从而能够相应降低教师心理压力，能够提高视频拍摄与制作的效率与效果。另外，微课具有课时少、参与教师能及时获得别人评价等特点，信息的及时反馈对教师自我反思具有借鉴意义，有助于教师进一步提高和完善教学资源。

9. 独立性

微课把某一个知识点或教学主题通过一种相对独立的形式展现在学生面前，它疏松的知识模块恰好与学生课程学习结构特点相吻合。把各知识模块按一定的内在含义紧密连接在一起构成一个学习单元，使之构成一个教学主题鲜明、教学内容齐全、教学结构严谨的资源环境。

10. 应用性

微课因其体积容量小、格式平民化、支持多种学习终端播放和下载快速编辑等特点而成为广泛化自主学习资源，对于教师来说，微课可以应用于多样化教学模式之中。

（三）微课的类型

1. 按照教学方法进行分类

根据常用的教学方法对微课进行类型划分，可分为讲授类、问答类、讨论类、启发类、实验类、合作学习类等11种类型的微课形式。

2. 按教学环节进行分类

从教学环节角度把微课分为课前复习类、知识理解类、课后巩固类、丰富拓展类、说课类、实践课类、活动课类等。

3. 按传递方式进行分类

（1）讲授型微课。教师采用多样化的授课方式将学科知识的重点、难点、考点等通过讲授的方式传递给学生。

（2）解题型微课。理科类的课程知识传递可以利用具有代表性的例题、课后习题等，教师通过对这些典型题目进行详细的解题思路分析，让学生掌握相关类型的知识点。

（3）答疑型微课。教师可以将学科中典型的具有代表性、容易出错的问题提炼出来，有针对性地总结或分析解答这类问题。

（4）实验（操作）型微课。设计与演示有关物理、化学、生物等典型的实践性实验，在交互学习中掌握相关知识。

（5）活动型微课。创建具体的学习活动情境，让学生在真实的情境中进行思考、探究与发现。

4. 按"微视频"的录制方法进行分类

（1）摄制型微课。采用手机和网络摄像头、摄像机等设备录制的课堂内容与学习过程的真实场景视频被称为摄制型微课。

（2）录屏型微课。教学内容与授课过程采用幻灯片、画图工具、Word 等形式呈现，同时采用交互电子白板、一体机等数字媒体对教师在电脑屏幕上的讲课声音的录制，以及录屏软件的录制都属于录屏型微课。

（3）软件合成式微课。运用图像、动画或视频制作软件，通过微课脚本设计、技术合成后输出的教学视频短片。

（4）混合式微课。应用上述提及的多种方式，制作、编辑及合成的教学视频。

二、高职英语的微课模式

网络多媒体技术的快速发展正在变革人们的学习方式。伴随网络技术的发展及"微时代"的到来，微课模式也已经悄然进入高职教育领域。而微课作为一种新的网络学习资源和教学模式，在国内得到了迅速发展，而且已经成为高职英语教学改革的热点和突破口。下面就高职英语微课模式的构成、优势及实施办法等热点问题进行分析和探讨。

（一）微课模式的构成

作为课程，微课需要具备必要的课程要素，主要包括四大课程要素，即目标、内容、活动、交互和多媒体。

1. 目标

所谓目标，就是教师对微课模式适用教学范围的期待以及对教学希望达到效果的期待，它主要包括如下两层内涵：一是应用目的，也就是微课模式设计与开发的理由，涉及微课模式是用于课前、课中或课下的哪个时间段，如教师如果想对学生课后练习进行指导工作，就可以制作有关练习说明的微课，其主要供学生在课下这个时间段应用；二是应用效果，也就是教师应用微课模式之后希望学生能解决哪些特定问题，如掌握某类英语应用文写作方法、阅读理解题解题技巧等等，从而引起学生对微课模式应用效果的反思。因此，从以上两个角度出发来分析，微课模式目标具有具体、清晰、单一的特点，微课模式的目标对于教师在微课内容及应用模式选择上发挥着重要引导作用。

2. 内容

微课内容指服务于微课模式并涉及某一特定学科而具有目的和意义所传达的各种信息和材料。高职英语微课模式的内容为英语教师达到预期目标提供了信息载体。教师在设计微课模式内容时要依据微课目标，结合学生学习情况和准备运用教学阶段教学实际进行设计。不同的微课模式内容在教学活动中所设计的方式也是不同的。在英语教学中引入微课教学模式有利于提高教学质量和效率，有助于培养学生自主探究能力。但由于微课时间非常短暂，在内容上常表现出主题鲜明、简短独立等特点，这就要求教师必须认真选择微课的内容。

3. 活动

这里的"教学活动"，就是指教师作为活动主体和具体微课内容作为客体进行互动的过程，并通过这一互动将教学信息有效地传达给学习微课的学生，从而帮助学生对课程内容进行思考并加以理解。因此，教学活动是实现微课教学目标的有效途径。"教"这一活动可具体划分为教师展示、教师传授知识、教师操作以及微课模式和其他主体之间的相互作用这几种活动方式。

4. 交互和多媒体

为了在微课上完成教学活动，教师就需要借助一些具体的工具让学生正确地理解微课内容的含义，这样才能达到学生和微课之间进行有效沟通的目的。教师在微课模式下使用的工具包括如下两类：第一类是交互工具，它有助于学生与微课之间操作交互及信息交互；第二类是多媒体信息展示工具，它能较好地辅助教师表述和讲解教学内容，增强学生开展微课学习与学习资源交互的有效性，如微课中课件、动画、图形、图像的展示。

微课四大课程要素之间互相影响、互相联系。其中，"内容选择"和"教学活动"为两个核心要素。在此基础上，教师通过对这些主要因素的设计，为学习者建设结构化、数字化的优质课程资源。

（二）微课模式的优势

1. 教学内容精

微课模式主要针对的是高职英语课堂教学的某个知识点进行重点讲授，也可以针对教学的某个环节或某个主题活动进行解析。微课教学模式具有针对性强、时效性高以及内容简单易懂等特点。高职英语微课相较于传统教学内容而言，教学内容更加精简，更加适应教学需求。

2. 教学时间短

一般来说，高职英语微课教学视频时长为 3~8 分钟，最长一般不超过 10 分钟。而传统课堂教学时间长，一般为 45~50 分钟。因此，微课教学时间比较短，常常被称为"微课程"或"课堂片段"。在高职英语教学中，使用微课模式有助于针对教学难点开展教学，使学生能将注意力集中在教学的黄金时段，通过与教师的互动解决学习上的困惑。

3. 资源容量小

一般情况下，微课模式中的教学视频及配套资料的容量为几十兆，容量相对比较小。因此，在高职英语教学中，微课易于在网络上播放和下载，微课模式有助于教师与学生间流畅地展开交流。

4. 资源结构完整

高职英语微课教学内容通常主题明确、指向清晰。在英语教学中引入微课教学模式具有可行性，其优势主要表现为：以教学视频片段为微课基础与线索，将其统合整理到教学设计等教学资源中，以建构种类繁多、主题突出、结构紧凑的"主题单元资源包"，为学习者营造出一个真实的微课教学资源环境。这种真实而又特定的学习情境既有利于学生思维能力的提高，也有利于促进教师教学技能的提高。

5. 反馈及时

微课教学内容少、时间短，可以在短时间集中开展微课学习和交流活动，因此教师和学生都可以迅速获取反馈信息。此外，每一位学生都可以参与课前微课的学习，这在一定程度上有助于减轻教师的负担，提高课堂教学的效果。

6. 易于传播

由于微课教学内容主题鲜明、具体，因此其成果易于转化和传播。同时，微课教学时间短、容量小，因此其传播的方式也是多种多样的，如网上视频传播、微博讨论传播等。微课模式主要建立在微视频这一载体上，为了体现微课程的完整性，还需要增加一些辅助模块，如微练习或互动答疑等，这些对于提高学生的学习兴趣和学习效果、提升教师的信息化教学设计能力非常重要。一个较为创新的方法是建立微慕课平台，使微课模式具有慕课模式的系统性和专业性。这一平台具有一定的知识含量，且具有结构灵活、系统性强、制作成本低等优点。

7. 提升微课录制技术

微课录制技术的提高对微课的制作、应用和推广影响很大。因此，开发质量更高、使用更便捷的微课录制技术，能够使广大教师更加乐于进行微课录制，并能够快速提升自己的微课录制技术。另外，微课的研究人员应该在网络多媒体技术上进一步提档升级，促进微课模式进一步普及和推广。

8. 共享优质微课资源

当前的高职英语教学中仍旧存在着教学资源不均衡和优质教学资源缺乏的问题。一方面，要组织优秀英语教师和信息技术团队积极开发优质微课教学资源；另一方面，要加强优质资源共享，推动微课优质教学资源通过网络在全国的高职院校中得到推广和应用。

三、信息化视域下高职英语微课教学的运用策略

(一) 利用英语微课加快高职院校英语教学目标的实现

高职院校英语教学的目标是培养学生的听说读写译能力，从而提高学生的整体英语水平。此外，与同行业联系密切是高职院校英语教学具备的一大特点，由于高职院校英语教学的目标很复杂，因此对微课的高效利用就成为高职院校英语教学改革的重要方向。微课教学模式有其特有的优势，这些碎片化的知识点经过学生的利用，自身的英语基础就能得到进一步巩固，微课内容与课堂教学之间得

到完美衔接。此外，英语微课还有一大特点就是能实现反复、巩固学习，对行业的专业词汇反复学习，学生就能加深对英语知识的理解，英语水平就能得以显著提升，满足行业发展需要。

（二）增强微课教学的意识

如今，高职英语教师已经认识到信息技术的重要性，在教学中融入信息技术，自身的信息化教学意识得到不断增强，在充分了解信息化教学技术特点的基础上，还要将学生的兴趣爱好列入考虑的范围之内，重视信息化技术的合理运用，其中利用微课教学就是一个典型。对微课的利用不仅为课堂增添了活力，也使英语教学内容更加丰富，还将学生对于学英语的兴趣激发出来，由此所获得的教学效果十分理想。

（三）对使用与筛选微课内容予以高度重视

英语教师要认识到微课的价值，所以需要注重筛选微课内容，从而提高教学质量。近年来，我国经济得到了较快发展，还与其他国家有了越来越多的经济贸易往来，面对这一趋势，我国迫切需要更多的高素质英语人才。目前，英语已经日渐普及，高职院校英语教学的重点应该转变为对学生的英语读写能力以及实践能力的培养，以满足社会需求。基于此，英语教师要在授课中对微课加以合理利用，促进教学目标的顺利实现。一是在微课教学活动的推进中，教师要对筛选及应用微课内容这部分工作充分重视起来，要应用符合时代特色的内容，紧密联系时代、社会发展，以微课的形式展示给自己的学生，便于他们理解消化。二是教学内容应该选择学生认为有难度的部分以及他们不容易记忆的部分。为了使学生在课后对这部分的内容能反复观看学习，教师必须及时上传学习资源。三是在英语知识的讲授中如果利用微课，那么英语教师就要始终站在学生的角度，将学生当作主体，关注网络信息以及社会的发展变化。例如，讲授"What sports do you like?"时，教师为了让学生更好地理解吸收，就可以整合网络中与运动有关的内容，将这些内容制作成贴近学生实际生活的视频或者 PPT，并上传到微课平台上，授课时将当前的运动时事紧密结合起来。在此基础上不断引导学生反复去观看微课内容，透过这些内容对感兴趣的运动了解得更多，从而对课堂教学内容可以进行有效巩固。

(四) 利用微课突出课堂重点

高职英语教师在教学当中必须利用微课的碎片化特点，这一特点是微课本身所具有的优势，并突出英语课堂的重点，这样才能使学生对这部分内容不断学习，也能对其加深理解。当前高职学生的资质不一样，相对来说，英语基础是十分薄弱的，课堂教学中有一些要讲授的知识点，有很多都是学生不易理解和吸收的。因此，英语教师要将难点知识彻底突破就成为一大难题。随着英语微课的普及，该问题要想得到真正解决，就要求英语教师能将微课灵活地运用到教学中，学生可以更好地吸收和理解难点问题。一是课前要求英语教师将难点、重点内容汇总好，将这些内容结合起来，以此来制作微课，最终形成一个 10 分钟左右的小视频，通过对视频的详细讲解，学生就可以了解到需要学习的主要内容。在课堂教学开始之前，教师在围绕某一个知识点讲解时可以利用多媒体播放对知识点加以简化，便于学生更好掌握。二是英语教师在教学中可以插入多方面内容，比如视频、思维导图等，再对多媒体设备加以有效利用，根据教学内容展开讲解，这对英语学习能力的提高尤为重要。三是结束课堂教学后，英语教师要向平台上传课堂的重难点以及随堂测验，督促学生做好课后复习，随时随地对相关内容进行学习，在英语知识得到巩固的同时，英语能力也能有更大的提升。

(五) 利用英语微课的特点，有效开展英语教学

英语微课体现出的主要特点包括多感官教学、与教材相结合展开教学等，可以将这些特点合理利用起来，加强英语教学。为了能顺利开展高职英语教学，必须对课堂内容与微课内容这两部分着重考虑，将两者结合到一起，能更好地利用微课资源，增强微课教学的有效性。所以，英语教师要从英语课堂内容和教材着手，微课教学制定的内容要有很强的针对性，引导学生主动学习英语，同时也能促进他们的知识吸收率得到提高，最终取得令人满意的成绩。在微课教学与课堂教学两者全面融合的新形势下，能够有效提高学生的英语能力以及英语教学质量，从而使高职院校培养出一批专业水平极高的英语人才，为国家发展做出贡献。

综上所述，在信息化快速发展的社会中，高职英语教学要想跟上时代发展的脚步，就要改变以往的教学方式，不断提高教学质量，从根本上保证学生的学习需求可以得到满足。为此，对微课教学方式的积极引入就成为当前高职英语教学的一个重要手段，这样既能为学生提供一个开放、自由的学习平台，也能将学生对学习英语的热情充分激发出来，进而更好地提升英语教学的有效性。总之，高职英语教师要利用好信息化手段，转变自己以往的教学观念，发挥微课在教学中的最大潜能，从而取得良好的英语教学效果。

第二节　高职英语慕课教学模式

在现代信息技术环境下，慕课模式是以关联主义为基础，开展大规模的在线教学方式和学习方式。慕课模式的形成和发展，是时代发展和信息技术不断进步的必然产物。本节重点讨论高职英语慕课模式。

一、慕课模式的定义

慕课（MOOC）是一种在线课程开放模式，又称大型开放式网络课程，MOOC 四个英文字母分别是 Massive（大规模的）、Open（开放的）、Online（在线的）、Course（课程）四个词的缩写，"M"代表参与这种开放性课程的人数多、规模大；第一个"O"代表这一课程具有开放性，只要是想学习的人都可以参与其中；第二个"O"代表这一课程是网络在线的，学习的时间非常灵活，想学习的人可以自主选择；"C"代表课程，慕课包含的课程种类众多。慕课是在传统的资源发布和学习管理系统的基础上发展起来的新型课程模式，主要由具有协作精神与分享精神的个人或团体所组成，这些优秀的课程上传到网络，可供需要的人下载和学习，目的是促进知识的传播和发展。

二、慕课模式的优势

（一）创建能力提升学习平台

我国高职英语教学始终处于改革之中，但教师通常还是以基础语言知识的传授为主，出现了英语教学脱离专业知识的现象，这既不利于提高学生英语综合运用能力，也不利于提升就业竞争力。慕课模式给高职英语教学带来了大量学习资源，较好地解决了课堂教学中存在的资源单一、信息量不够大等问题，同时也给学生学习拓展与能力提升提供了一个广阔的平台。高职学生既能选择高质量的基础英语课程，进一步拓展英语基础知识与技能，又能根据专业需要与发展需求选择多种高质量的行业英语课程，促进自身行业英语应用能力和综合职业能力的发展。此外，学生还可根据个人兴趣爱好选择慕课，以进一步提升自己的社会适应能力，在未来进入社会时实现可持续发展。

（二）满足不同学生学习需求

高职院校学生来自不同的地区，各地的教学水平不同，而且招生生源多样，这就造成了学生的学习能力和学习基础存在很大差异。高职院校英语教学多是大班教学，教师在课堂上一般很难对学生实行一对一的针对性教学，而只能从宏观上对学生进行指导。在这样的教学背景下，很多学生已经追赶不上教师的教学进度，也有学生不满足于教师课堂教学的信息量和教学难度。因此，目前的高职英语的课堂教学已无法满足不同基础和学习能力的学生的英语学习需求。

慕课模式通过开放性的网络平台，给学生提供了多样化的可供选择的课程，能够对不同学生开展有针对性的教学，缓解当前高职英语教学中教师教与学生学的矛盾。同时，慕课教学模式不受时空限制，拓展了学生的学习空间，既有利于基础好的学生英语能力的进一步提高和发展，也有利于基础相对较差的学生英语知识的巩固和提高。

（三）提供语言使用交流环境

对于我国高职学生来说，英语作为第二语言，由于缺乏真实的英语语言社会环境，导致学生在课堂上学到的英语知识很难在现实生活中得到锻炼和应用。这样显然降低了学生学习英语的动力和成就感，也不利于学生以后英语语言能力的不断提高。

慕课模式的出现和应用能够为学生创设良好的英语语言学习环境，学生不仅可以接触到真实地道的语言，而且甚至可以通过慕课课程直接与世界上其他国家的师生进行互动与交流，因此慕课非常有利于学生英语应用能力特别是听、说能力的提高。

（四）拓展学生语言知识储备

我国的高职英语教学主要是围绕教材、通过课堂教学展开的，由于英语教学时间的短暂，加上学生繁重的课业压力，英语教师很难在课堂教学中给学生带来丰富充足的知识。而慕课教学模式以网络为平台，具有大量可供学生选择的优质课程资源，能够向学生提供丰富多样的语言和文化知识，而且方便学生随时随地学习，这样不仅可以拓展学生的知识储备，而且可以激发学生学习兴趣，提高学生的学习效率。

三、高职英语慕课模式的实施策略

慕课模式作为一种新兴的高职英语教学方式，可以通过以下四个步骤实施。

（一）设置多样化课程

慕课模式改变了当前高职英语教学中传统单一课程设置和教学模式。就师资而言，传统的高职英语教师教学资源非常有限，因而教学的针对性和实效性不强。就教学材料来说，当前大多数高职院校采用高等教育出版社、上海外语教育出版社、外语教学与研究出版社等几大出版社出版的通用教材，教学内容的针对性和实用性不强，不能紧密联系学生的岗位需要和专业能力发展需要。就课程设置来说，各高职院校虽然也设置了选修课，但课程设置的种类和数量都非常有限，主要是面向学生英语等级考试开设的辅导课，因此无法满足学生英语知识拓展、英语技能提高和跨文化能力发展的需求。对此，慕课教学模式提供丰富多样的英语学习资源，学生可以根据自身的兴趣和需要有针对性地选择课程，这必然会大大提高学生的学习兴趣，从而提升学生学习英语的质量和效率。

（二）采用多样化教学方式

高职院校在实施英语教学改革时，推进教学方式的多样化，但是教师目前采用的主要教学方法仍然是课堂讲授，并穿插多媒体辅助教学形式，因此教学形式比较单一，也不利于调动学生学习英语的积极性。随着网络多媒体技术的快速发展及其在教学中的广泛应用，慕课教学模式也在高职院校得到了逐步推广。慕课教学模式推动了高职英语教学方式的多样化，学生在任何地方、任何时间，只要有电脑、平板或者手机就可以进行学习，这样大大拓展了学生的英语学习时空，提高了学习效率。

（三）实施多元化考核方式

在网络多媒体教育背景下，高职英语慕课模式的推行也为英语教学考核方式多元化发展提供了条件。在传统教学模式中，一般都是以笔试的形式对学生英语学习成绩以及语言水平进行全面的测试，因该形式测试的形式以及内容都较为单一，所以难以对学生实际水平进行测试。但慕课模式中，可采取多样化考核方式以增强考核全面性、针对性与可靠性。首先，可强化过程性考核。慕课模式为学生在学习过程中的评价提供了一种统计测量的有效途径，老师能及时追踪学生学习进展，监控学生学习任务的完成程度以及作业、测验等评价结果，从而能及时发现学生在学习过程中出现的问题，及时有针对性地进行辅导。其次，可根据学生的学习状况采取不同的评价方法。通过个性化考核方式针对不同水平学生制定不同测试题目实现分类指导与共同提高。最后，可以采用开放性测试方式。通过新型网络平台能够为同学们提供更多在线考试机会，规避了"一考定终身"的考试弊病，为学生营造了持续学习、持续进步的学习气氛，激发了学生的学习兴趣与动力。

（四）有机结合传统课堂与慕课模式

慕课模式与传统课堂教学相比，具有很多的优势，但是要更好地发挥慕课模式在高职英语教学中的作用，还必须充分发挥慕课模式和传统教学模式的各种优势，有机结合两种教学模式，更好地拓展教学空间、提高教学效果。

1. 建设优质的高职英语慕课资源

目前一批高职英语慕课课程已经在中国大学慕课平台上线运行，为高职英语线上教学提供了很好的平台，但是无论是数量和质量都无法满足高职院校教学改革的需要。因此，教学管理部门应加大慕课建设的推进力度，鼓励高职院校联合优质师资，共同开发更多的优质英语慕课资源，以满足学生不断增长的网上英语学习的需要。

2. 加强对高职英语教师的培训

高职英语慕课模式教学的推广和应用，需要得到广大高职英语教师的支持和推进。因此必须加强对高职院校英语教师的培训。一方面，通过培训使广大教师更新教学理念，充分认识推进慕课模式的重要性，从而提高学习和应用慕课模式的自觉性；另一方面，要加强慕课模式的技术培训，加强对教师慕课开发、应用能力的专项培训，使英语教师能够学会开发慕课的方法，并能在教学中熟练使用慕课模式。

3. 加强对慕课实施过程的管理

由于慕课课程在网上实施，因此加强对学习过程的监控和管理，对保障慕课教学的质量至关重要。对大多数高职学生来说，学习能力差异较大，良好的学习习惯尚未形成，而且自控能力相对较弱，因此要确保英语慕课教学模式顺利实施和有效推进，教师必须加强对学生的教育、指导和监控。一方面，要加强指导和培训。通过教育和指导，使学生提高在线自主学习的自觉性，同时掌握慕课学习的技术和方法。另一方面，加强对学生慕课学习过程的监控。教师要跟踪学生的慕课学习，及时了解学生的学习情况，特别是对于自控能力比较差的同学要给予更多的关注，发现问题及时给予教育和指导帮助。同时，教师要加强对学生学习过程的考核，通过作业、测试及时了解学生的学习进展和学习效果并给予必要的反馈指导。

4. 有机结合传统课堂和慕课模式

慕课模式有其自身的优势和特点，对于提高学生学习兴趣和学习效果有非常重要的作用，但是网络教学也存在着监控比较困难等不足。因此，在实际高职英语教学工作中，应注意发挥传统课堂和慕课模式各自的优势，将传统课堂和慕课模式有机结合，确保教学改革效益最大化，达到提升教学的信息化水平、提高英语教学质量和满足学生学习需求和个性发展的教学改革目标。

第三节　高职英语翻转课堂与混合式教学模式

在当前信息化教学环境下，出现了一种名为翻转课堂的新型课堂教学组织形式。教师在这种教学模式中，会将教学视频作为学习资源的主要形式提供给学生，要求学生对教学资源的观看和学习须在上课前完成，并结合课前的学习，组织学生在课堂上展开讨论探究。教师要跟踪学生的课前学习情况和实际讨论情况，并针对学生在其中出现的问题进行答疑和交流。"以学生为中心"是翻转课堂最本质的教学思想，同时也颠覆了传统的教学流程。

在翻转课堂的运用中，教师与学生间的交流互动得到增加，学生的个性化学习也获得了发展的机会，实现了全新的"混合式学习方式"。这一成果是课堂教学模式改革的重要探索。将翻转课堂的理念贯穿于混合式教学中，不仅能让混合式教学的优势得到充分发挥，还能让传统的学习方式更加丰富，使学生学习的积极性和主动性被有效地激发出来。我们的教学改革在这种新型的混合式教学的启发下，找到了一种新的思路。

一、高职英语翻转课堂教学模式

（一）翻转课堂的教学特点

1. 师生角色发生改变

教师在传统教学中充当着类似权威人士、专家的角色，学生只能被动地参与课堂。现在教师在翻转课堂教学中所扮演的角色趋向多元化，一方面，他们要传授知识；另一方面，教师更多的是融入学生中间，对学生进行帮助和鼓励，实现差异化教学。教师通过为学生准备课前自主学习的材料逐渐向学习的建构者转变；教师需要对教学活动进行设计，在设计课堂活动时要注意对学生在知识学习的薄弱环节进行针对性的教学，做好对整个教学环节的调整；教师还在学生遇到难题时发挥指引作用，能够使学生更自觉地参与到学习中并将互帮互助的学习氛围建立起来；教师还可以是学生的朋友，融入学生之中，寻找与学生互动交流的时间和机会，在有效的沟通下，让师生关系变得更加和谐融洽。同时，学生开始了主动学习，学生摆脱了老师的"控制"，对学习进度和学习时空进行自我掌握，而不是为了完成任务而去学，让自己成为学习的主人，对"怎么学"这一问题进行主动的思考和探索。学生可以对自己学习的时间和地点进行选择，对自己的学习进度可以根据自身的基础来调节。在翻转课堂中，课堂的中心是学生，只有这样才能调动学生积极参与课堂学习，主动尝试互动并自觉地进行知识的建构。

2. 教学资源更灵活

在传统课堂中，教材、教学课件是主要的教学资源，教师在传统教学中，在向学生讲解知识的时候依据的是教师自己制作的课件，这些课件都是教师基于自身对教材的理解而制作的。学生们对老师传授的知识只是快速地记录，但仍难以避免会将知识点有所遗漏，毕竟教师授课时讲的话是无法复制的。而翻转课堂把学前的微课作为重要的教学资源，在 10~15 分钟的时间里将知识点进行精讲，学生对没懂的知识可以暂停和回放，对已经掌握的知识还可以快进。翻转课堂将更多的自由给予学生，让学生在课堂上就可以完成知识内化的过程。同时，微课的学习方式让学生对传统课堂授课方式的紧张感消除了，还可以对学习的时间和地点进行灵活自主选择。此外，学生在线与教师或同伴交流，帮助解决自己学习中遇到的困难，从而使个性化的学习得以实现。

3. 重塑教学流程

翻转课堂重塑了传统教学的教学流程，它将信息传递和知识内化这两个学习的流程置于课前和课中，使学生能够更多地参与到教学活动中。在传统课堂中，传递知识的环节发生在课堂教学中，知识的内化只能在课后进行。最终通过考试进行检测，实现知识的输出，进而使得应试教育的局面形成。而翻转课堂主张先学后教，课前就完成了知识的传递，课上教师就可以根据学生在课前学习遇到的问题，进行有针对性的讲解，节约出来的大量时间可以用来进行知识的内化，使学生更快地将新知识吸收消化。

4. 改变了评价方式

在传统教学中，教师评价学生对知识的掌握情况是通过作业和期中、期末考试。但是学生在完成作业时会相互抄袭，独立做作业的学生只是少部分。而且教师的评价也是延迟的，因为教师只能在下一次上课时反馈作业的情况。这一切在翻转课堂都得到了改变。学生要想了解自身的自学能力，可以在课前通过自学环节的自测卡来获得相关的信息。教师在了解了学生在自测卡上遇到的难题后，可以对教学内容做出有针对性的调整，这样就做到了即时评价。在翻转课堂教学模式下，多元化的评价方式代替了传统教学中的单一评价方式。学生不仅要在自主学习中进行自评，还要在课堂活动中进行互评以及教师总评。这样的多元化评价方式，考试仅仅作为评价体系的一种评价，这样得出的评价也更加科学合理，也更容易赢得学生的喜爱，可让学生的学习兴趣得以提升，从而提高学生的学习效率。

（二）提高翻转课堂在教学中有效性策略

1. 提高教师素养

（1）转变教师教学观念

对于一些教师而言，要用翻转课堂这种新型的教学模式去代替用了多年的传统授课模式，他们是难以接受的。他们认为实施这样的教学模式会让自己的工作负担进一步加重，是一种自找麻烦的表现。而那些年轻教师、新进教师对翻转课堂这种新型教学模式更容易接受，并愿意尝试挑战。如果教师在实践时，为传统教学理念所束缚，在学生遇到问题时只是把答案告诉他，而不是引导学生自己想出答案，这种理念与翻转课堂教学的初衷则是相悖的。在翻转课堂教学模式下的教师应该转变固有的传统教学理念，鼓励学生根据已有的知识来猜测或者置换掉词语，帮助学生学会多角度地看待问题。如果教师一直受困于旧思想的窠臼，不能对教学中存在的问题进行思考和总结，提高教学效果只会沦为一纸空谈。因此，在校园中推行翻转课堂，对教师观念进行改造将是首要问题。

（2）不断提升教师专业能力

教师专业能力在翻转课堂教学中有了新的挑战，比如，课程开发能力、课堂活动创新能力、教学知识处理能力等。在翻转课堂教学中，虽然不再以教师讲课为主，但教师在整个教学过程中依旧发挥着主导作用。课前学习资料的制作、学生学习时间的安排、课堂活动的组织工作……这些都是翻转课堂对教师的新要求，比起传统课堂对教师的要求更高了。教师的课前学习材料不仅要设计得有趣，还要有合理的结构，以此激发学生学习的兴趣，保证学习的延续性。同时，在课堂教学中，还要对小组活动承担起组织工作，调动所有的学生参与到活动中，在整个课堂教学过程中，教师还要随时处理学生提出的问题并就小组活动做点评，这些对教师而言都是新的挑战。与传统教学不同的是，我们无法预测在翻转课堂教学中教师将会面对什么样的问题，学生活跃的思维会让很多预料不到的突发状况出现。面对这些意想不到的问题，教师只有将自身的专业能力不断进行提升才能在教学的道路上顺利前行。

（3）加大教师培训力度

第一，信息技术培训。在翻转课堂上，具备一定的信息技术能力是教师必备的基本能力。但作者发现身边的同事仍旧只是在专业学习上投入大部分的精力，而忽视了信息技术在这个信息大爆炸时代的重要性。以作者所在的基础英语教研室为例，只会 PPT 设计的一些简单操作的大约有 70% 的教师，甚至有的教师都不会下载软件，让他们独自录制视频这种事又从何谈起呢？只有具备专业的信息技术，才能将拍摄的视频做好从前期到后期的剪辑。所以，强化对教师的信息技术培训力度，可以通过推广翻转课堂教学。

第二，教学管理培训。作者认为教学管理经验不足将会在实施翻转课堂教学时带来一些不良影响。在翻转课堂中，小组讨论是不可缺少的一部分，但仍有部分同学参与讨论时不太积极，其中的原因可能包括自身基础不足或注意力不集中等问题，这也导致了这些同学可能会在讨论时借机与他人聊天或做与课堂无关的事。这样的情况不是个例，想要控制好课堂纪律，就必须管好这样的学生，因此要对教师进行必要的教学管理培训。同时，教师的心声也应当为学校所重视，对班级规模进行适当控制。目前，在实际操作时，高职院校一个 40 人以上的行政班级会面临人数过多造成的困难。这种人数的英语课堂难以做到一对一辅导，个性化的学习只能是幻想，教师的课堂监管也会有相当的难度，预期的教学效果也就无法达到。

2. 改变学生学习观念

（1）端正学习态度

学生才是翻转课堂教学中的学习主体，所以翻转课堂教学就是要以学生为中心。如果学生仍然保持传统课堂的填鸭式教学的学习习惯，那翻转课堂对他们是难以有所改变的。这就要求教师要更为用心和细心地准备课前学习材料和课堂教学活动，让课堂内容吸引学生持续学习，并要从自学能力和知识层状态的角度去考虑是否符合大部分学生的接受程度，让学生间的差距逐步缩小，帮助学生建立信心，从而让学生的学习态度获得循序渐进的改变。英语学习的极端化问题是在中国教学现状的影响下发生的，表现出热爱学习英语的同学成绩优秀从而内心也变得自信，而英语学习不好的同学，在学习过程中屡遭挫折，导致厌倦、害怕英语，这也给教师在学习材料的选择和组织、教学活动设计上造成了一定的困扰。对不同层次的学生做出简化教学活动的要求就是一个不错的选择，如让学生从简单句式开始练习，再将难度逐步增加，适应、克服羞涩心理，从在交流时敢用英语开口互动到对用英语互动有了兴趣。同时，学生也不能将学习当成一个任务，更不能当成家长或老师强加的负担，而是为了提高自身素质。如果学生认识到这一点，就会对学习不再感到排斥，并在同学和教师的帮助下，慢慢地提高学习兴趣，最后能够主动地学习。

（2）培养自主学习能力

学生既是翻转课堂教学的主角，又是课堂的根本。翻转课堂对学生的自主学习能力的要求更高：它要求学生对教师准备的学习视频能主动地在课前观看学习、做好笔记，弄清楚其中的要点、重点、难点，能主动与同学开展合作式学习、针对疑难点进行讨论，或者自己找出答案，对新知识的建构进行探究式学习，同时也要求课前学习卡必须独立完成；它还要求学生带着课前学习没有解决的疑问拿到小组中来解决；它也要求学生在教师的引导下专注地进行在线学习讨论，克服网游、闲聊等负面信息的干扰，不仅要自身的自制力得到增强，还要让自己的自主学习能力得以提高。可以从三个方面入手，一是把学生自主学习能力的培养作为前提条件，不断地增强学生对学习的兴趣。教师要让课前学习材料变得有趣，让课堂活动的设计变得更加合理，让之前沉闷的课堂变得生动有趣起来。二是帮助学生在感受成功的过程中树立自信心。在教师的引导下，学生开始慢慢地学会主动思考，说英语、问问题也变得大胆起来，对于知识也要勇于质疑而非一味地抄录，逐步养成自己的学习风格，注重良好的学习习惯的养成。三是让师生关系变得和谐融洽。让民主的、和谐的课堂代替之前死板的传统课堂，为学生的学习环境营造轻松愉悦的氛围，使他们产生学习的兴趣；给学生一位"良师益友"，让他们的学习更加轻松，加速提高学生的自主学习能力。

3. 合理设计微课资源

(1) 按科学实用原则精心设计微课

微课不只是对资源的简单聚合，更是十分重视对资源的整合性。①主题突出、内容精悍、时间短，这些是微课的特点。微课要求在短时间内，教师要把逻辑性、知识性、针对性和实用性赋予传授的教学内容中，科学组织教学内容的基础上还要兼顾让内容生动有趣。认知负荷理论认为，学习者的先验知识、学习材料的复杂性以及组织与呈现方式共同构成了影响认知负荷的基本因素。②学生的注意力会被无关的信息分散，所以在微课中避免影响知识的获得、使学生认知负荷增加的要素出现。同时，要避免制造过大的学习压力给学生，导致学生的学习兴趣受到影响，教师要将精练化、具体化、简单化的教学内容设计在微课中，无关性认知负荷的设计要尽量减少，干扰学习内容的要素要尽力避免，去芜存精，做到真正地为学生减压。

(2) 按实际需求合理选用微课

网上的微课资源虽然很丰富，但是视频质量良莠不齐，教师必须考虑的是在繁多的资源中将合适的教学材料甄选出来。教师还需要结合教学目标和教学主题从众多的微课作品中筛选最符合辅助学生学习的视频，避免微课的使用流于形式，发挥微课的积极作用，使其在高职英语教学中发挥更好的服务效果。英语与其他科目不同，它是需要学生为逐步提高自身的认知进行反复的交流、练习的学科。根据英语学科的这一特点，教师也无须用微课的形式将所有的授课内容进行传授。例如，高职院校的学生要求掌握听、说、读、写四大技能，学生听和说的能力需要教师在听、说设计上进行训练，以期达到能使用基本句型进行简单交流的水平；在读这一方面需要教师传授一些阅读技巧，帮助学生提高自身的阅读能力；而传统教学更适合写的部分，某一应用文体基本格式被学生掌握之后，学生还要对一些基本表达方式进行掌握，传统教学中的 PPT 或导学案就可完成这项任务。滥用微课以及盲目追求形式的新颖，将会增加学生的认知负荷，导致学生反感。微课的恰当使用，对引起学生学习兴趣、保持新鲜感，最终实现学习效率提高的目的。因此，教师切勿盲目滥用微课。

4. 合理设计教学过程

（1）自主学习以问题探究式为主

作为学生的自学材料，微课与传统的纸质版材料更能吸引眼球。但长期面对单一的视频教学，学生也会感到枯燥。为了满足不同层次的学习者，需要设计出的视频新颖、有创意，而语言的生动活泼、情感丰富也可以吸引学生，保持其学习的兴趣。环环相扣的问题比长篇大论地讲述知识点更有意思。学生要想掌握新知识以及重难点，就必须主动学习，掌握提纲挈领的方法，对学习内容进行梳理，从整体上有效地把握结构。有时会出现无法实施课堂活动教学的情况，作者建议运用探究式讨论的方式来促进学生自主学习，使学生积极参与讨论、合作探究，提升共同解决问题的能力。

（2）组织多样化教学活动

如果教学形式过于单一，学生可能会出现注意力不集中的情况。要解决这一问题可以设计一些形式丰富、有创意的教学活动。作者在翻转课堂教学实施中发现了游戏化学习这种有趣的学习方法。比如，作者采用了两组 PK 的形式来巩固学生的词汇记忆情况，这样既增加了趣味性，又能避免一些学生浑水摸鱼。此外，作者还会采用抢答的形式来检测学生的快速阅读能力；在学习完一篇文章后，作者会让学生进行角色扮演对文章的内容进行演绎。在翻转课堂中，多样化的教学活动使高职英语教学处在轻松快乐的环境中，这与提倡"玩中学，学中玩"的新课程标准倡导可谓不谋而合。游戏化学习能够培养学习者的主动性、协作性和创造性，开创了一种别出心裁的学习方式，使学生在完成学习任务时充满了乐趣，学生的学习动力也会因此提高，促进学生有效学习。

（3）合理安排课前学习时间

在课前完成知识传授的过程，以促使学生学会自主学习是高职英语教学在翻转课堂教学模式下的一大特点。但仍旧存在一个问题，那就是学生认为过多的课前学习会增加他们的学习负担，并且使他们的学习花费更多的时间。那么学生就要对课前学习的时间进行合理安排，使得学生的学习主动性能够持续保持，最终使翻转课堂的教学模式获得成功。可以利用碎片化的时间观看视频，如早晚自习、课间休息、睡觉前等。学生在利用碎片化的学习方式时是较为轻松、没有压力的，这种不强调在特定的时间和地点进行学习，让学生在心理上的抵触情绪得到一定程度的缓解。

二、高职英语混合式教学模式

当前有一种教学模式能将传统的师生面对面教学的课堂模式与数字化学习有机结合起来，以此形成的新的教学模式，这就是混合式教学。混合式教学在教学过程中能够让教师的引导、启发、监控等作用充分发挥，并且还能够调动学生在学习过程中的主动性、积极性和创造性，实现传统课堂的面授教学形式与现代网络多媒体教学方式的结合，将更好的教学效果呈现给学生。

（一）基于翻转课堂理念的混合式教学模式

1. 传统课堂教学与现代网络教学混合

长期以来，"教师讲、学生听"的传统课堂教学模式普遍运用于学校教育。教师在课堂上处于主导地位，是教学活动的主体，是传播知识的引导者，学生是在被动地接受知识。在这种教学模式下，人类社会几千年来积累的文化科学知识能够系统、完整地传授给学生。因此，目前这种教学模式仍然被大多数学科使用。在这种模式下，通过教师的讲解，学生能够比较快速、系统地获取大量知识，从而对学科的理论进行快速掌握。

但是这种传统课堂教学模式的弊端主要表现为知识传递方式单一，难以调动学生学习的积极性、主动性，同时对师生的交流和培养学生的学习情感都有不良影响，学生的创新思维和创新能力也缺少在课堂上展示的机会。现代网络和多媒体技术会创建一个真实且生动的学习环境供教学使用，还能提供丰富多样的教学资源和便捷的知识获取途径。而能够结合二者的优势的混合式教学，能够充分地发挥教师的主导作用和学生的主体作用，使学习方式和学习途径更加丰富，这种教学模式在当前的教学改革中是很有成效的一种模式。

2. 传统课堂教学与翻转课堂混合

传统教学观念和常规教学顺序因翻转课堂遭到了颠覆，并且这种教学模式受到了广大师生的关注和欢迎。关于翻转课堂的教学实践探索，还会有更多的学校和教师参与其中，并从中取得成效。但是也有人认为教师不能在翻转课堂教学模式下充分发挥作用，学生的学习兴趣也不能被很好地调动起来，因此课堂教学效果没有获得较大的改善。究其原因，是在实施翻转课堂教学的过程中，有的教师对翻转课堂的关键环节没有很好地把握。学生的课外学习也没能良好地完成，从而导致课上的讨论也无法有效开展，这样的翻转课堂只是徒有虚名罢了，并没有翻转课堂的实质，难以取得好的教学效果也在情理之中。

要根据学生的具体情况来决定在实施混合式教学改革时，是应当采用部分翻转课堂还是完全翻转课堂。何为部分翻转课堂？教师在课堂上讲授教学内容的重点部分，学生课前则针对剩余部分自主学习或者让学生课前以小组形式对特定主题或项目进行讨论，然后将学习成果在课堂上进行分享和讨论交流，并由教师引导学生进行思考和讨论，对学生的疑惑进行解答，这就是部分翻转课堂。

在推动课程教学的过程中，如果要实施翻转课堂，混合教学方式将是一个有效的尝试。这种教学方式不仅可以把对重点专业知识进行突出学习，又将一定的学习自由度还给学生。让学生的自主学习意识和参与课堂讨论的积极性被激发出来。同时还避免了学生不能对自主学习的目标有效地完成而致使翻转课堂的实施不能持续的结果，也能使教师制定的教学目标能够顺利完成。在混合式教学中，学生的学习基础、学习能力以及教学内容特点是教师制订教学计划的根据，而对讲授教学、部分翻转课堂和完全翻转课堂三种教学模式的灵活运用就能够帮助实现教学目标。

3. 教师教学与学生学习混合

在现代教育理念下，学习的主体与教学的主导分别是学生和教师。要让"以学生为中心"的教学理念在学生的学习过程中得到落实，这就要让学生学习的自主性和能动性凸显出来。在开展教学活动、创设教学环境时，要以"促进学生发展"为中心。在翻转课堂理念的混合式教学模式的基础上，教师的主要教学活动包括：课堂重点讲授、准备和发布学习任务和教学资源、教师点评、组织课堂讨论、解答学生疑难、批改作业、与学生互动交流、补充讲解和总结；学生的主要活动包括：课堂听讲、基于学习资源的自主学习、完成个人作业或小组作业、课题汇报、提问和讨论、互动交流、课外拓展巩固等。

翻转课堂的实施，使传统的教学理念和流程被颠覆，学习知识由课上变成了课外，内化知识的时间由课下变成了课上。课堂的主角变成了学生，学生在课堂活动中进行问题探究、主题汇报、成果分享、讨论交流、提问互动等活动，学生在学习过程中的体验和对知识的内化被重视起来。教师则由以前的课堂主导者变成了学习活动的引导者、指导者和合作者。

4. 形成性评价与终结性评价混合

混合式教学模式是在翻转课堂的基础上既对教师的上课过程十分重视，又在培养学生自主学习和合作学习能力上加大力度，同时对学生的信息素养和表达交流能力的提高也有所兼顾。混合式教学模式的使用让师生角色、教学模式和学习模式这三者对比之前发生了翻天覆地的变化。在课程考核方面采用多元的评价方式，对于混合式教学模式来说是非常重要的。这可以让形成性评价与总结性评价二者使用起来的同时，更加侧重形成性评价。形成性评价包括学生出勤、平时作业、课堂表现、课前自主学习情况、成果展示、参与交流讨论的活跃度、团队合作等。平时，教师要做好上述需要容的记录，对考核的能力进行强化，并将形成的评价令学生知晓，调查学生的反应，促进学生及时改进和提高；总结性评价通常以期末考试的形式进行，采用综合的标准化考试形式，主要考查学生课程学习的整体结果是否达到教学目标的要求，以达到督促学生及时改进和提高的目的。

（二）高职英语混合式教学模式的构建

1. 混合式教学模式

混合式教学模式是以教学对象和教学目标为依据，对教学目标是否合适做出判断，并将教学的各种要素组织起来，最终将教学方案确定下来的过程。将在线学习和面对面传统教学结合起来是混合式教学的一大特点，这两种教学模式并不是简单地混合，这种混合是基于两种教学模式的不同理论进行的结合。在混合式教学模式中，教师主导的活动与学生主体参与相混合、课堂教学与在线学习相混合、不同教学媒体相混合。这样就使得传统教学方式的优势和 E-learning 的优势在混合式教学的引导下得到充分发挥，能够将教师在教学过程发挥的引导、启发、监控的主导作用充分运用起来，把学生学习的主动性、积极性与创造性充分体现出来。让混合教学模式与教学设计分析、开发、应用和评价相结合，把教师讲授的积极性与学生学习的积极性充分调动起来，使学生对知识和技能不断掌握的同时，从学习工具、学习环境、学习者互动、学习内容、学习步骤制定等方面获得深度的学习能力和信息素养的培养，使学生的终身学习能力和可持续发展能力得以形成。人本主义教育思想在混合式教学模式得到了充分的体现，当学生成为主动学习的主体，学生的个性发展也将会得到充分的尊重和支持，为学生掌握知识、获取技能提供了更为优良的条件。

2. 混合式教学模式构建

线上自主学习、线下翻转课堂和线上重温内化是构成混合式教学模式的三个阶段。

（1）线上自主学习：教师布置的在线课程内容需要学生在课前完成与在线视频课程相关的预习任务，比如学习笔记、学习报告、主题项目汇报、论坛提问、参与讨论等，也要在线上自主学习完成这一阶段的学习任务。

（2）线下翻转课堂：教师在课上对本单元的知识重点进行重点分析讲解，在学生进行小组讨论时给予指导；学生将自己的预习心得进行分享的同时，把学习任务的完成情况和学习成果以项目汇报、主题演讲、角色扮演、小组讨论等形式进行展示。

（3）线上重温内化：在课前自主学习和课上听课、研讨时，要求学生对在线课程的相关练习和测试要积极完成。最终实现将所学内容消化吸收，单元知识的学习循环也能够通过此前的学习得以完成。

要想实现混合式教学模式的有效实施以及对学习者的学习效果进行科学评价，需要在混合式教学模式中构建多维课程评价体系，这个体系包括了三方面的评价：过程性评价、表现性评价和结果性评价。可以实现对学习者的学习过程和学习成效进行综合考核，能够科学、全面和合理地将考核结果体现出来。第一，过程性评价将学习者在学习过程中的参与度和知识掌握情况作为主要的考核对象，并予以及时反馈。该评价模块占据评价体系20%的比重，其中包括线上学习时长、作业完成情况、练习测试成绩、提问频率和线上讨论参与度以及各单元课程学习反思日志等。第二，对学习者完成的项目进行展示、主体汇报和小组合作等表现性任务的完成情况作为主要的考核内容的就是表现性评价。该模块占评价体系比重约为20%，其中包括语言表达的流利度和准确性、汇报内容的逻辑性和信息量丰富度以及小组合作组织协作能力等。第三，结果性评价的主要内容是语言水平综合测试，包括口试和笔试。口试按照难易程度分为朗读答问、日常对话、话题讨论、观点陈述、辩论等，占评价体系比重比约为10%；最终占评价体系比重约50%的评价模块是笔试，这里的笔试是指期末考试，包含了听力、词汇与结构、阅读、翻译、写作等在内的各种基础题型，对学习者的听、说、读、写、译的语言能力进行综合考查。

混合式教学模式实施的重要条件就是教师角色的转变，教师在传统教学模式下是教学的中心，整个课堂教学都由教师进行控制和管理。在教学过程中，讲授是教师的主要输出方式。讲授一定量的教学内容是教师每次授课的目标。在课堂上，学生的学习方式大部分时间是在听讲和记笔记，对教学内容的学习较为被动，教师与学生之间的互动和交流也十分缺乏。基础薄弱、英语能力和学习能力不足的学生在高职院校占据大多数，而高职院校的很多学生在传统课堂教学模式下没有足够的能力将教师讲授的知识理解消化，也会渐渐失去对学习高职英语课程的兴趣和信心。混合式教学模式与快速发展的信息技术相结合，并应用于教学实践当中，教师扮演的角色由以前的"一言堂"转变为现在的"主持人"，更多地发挥引导学生主动参加教学各个环节的作用，学生在学习上的主动性被充分地发挥出来，师生的互动变得更加频繁，最终可以让高职英语教学的学习效率获得极大的提高。

（三）混合式教学的必要性与可行性

1. 高职英语课堂混合式教学的必要性

对于高职院校非英语专业的学生来说，英语基础是他们知识上的薄弱环节。学生在传统的教学模式下，学习的积极性和主动性比较缺乏。甚至有的学生害怕学习英语，在课堂教学中没有足够的自信，所以很少发言和交流。再加上高职学生的自主学习能力普遍需要提升，听、说、读、写、译的能力和水平与社会的需求还有很大的差距，教师的教学方法不能推陈出新，教学手段较为单一，而且在课时有限的英语课上还在使用大班授课的方式，因此教学目标的实现是很难的。信息技术与教育不断深入结合的今天，教学理念与教学模式的变革已经势在必行。英语教学的新活力正由翻转课堂、微课和慕课等教学方法和手段源源不断地提供着。

早在 20 世纪 90 年代，我国高职英语教学就已经开展利用多媒体来辅助教学。经过多年的实践，英语信息化教学取得了令人瞩目的成绩。实践表明，英语教学仅仅使用网络远程教育，学生学习的效果是远不能达到理想状态的。因此，教师的指导仍然是必要的。高职英语要想提高自身的教学质量，就需要将传统英语课堂教学模式与在线网络课堂教学模式进行有机结合，让改革不断深化。这样不仅能发挥教师的指导作用，还可以让学生的学习主动性得到激发。高职英语课堂教学效果和学生的英语综合能力也会因此获得相应提升。高职英语混合式教学模式是一种具有创新性的教学方式，让学生的学习兴趣和潜力更容易被激发出来。互联网和手机的大量应用也为混合教学模式的推广提供了硬件上的支持。学生通过线上和线下的方式对英语教学内容进行学习，更符合新时代学生的学习习惯。教师也要顺应新时代的浪潮，懂得与时俱进，同时对学生的个体差异加以关注，做到因材施教、分类指导。

2. 高职英语课堂混合式教学的可行性

多媒体网络教学伴随着信息技术的快速发展和"互联网+教育"时代的到来，在全国教育系统得到了应用并不断推广，高职院校智慧校园建设步伐也得到了进一步加快。在此背景下，高职院校校园网逐渐普及和得到升级完善，多媒体教室和数字语音室规模得到了进一步扩大，各校结合自身特点和优势开发的在线开放课程也日益增多，这些信息化软硬件建设为高职英语课程混合式教学模式的实施提供了重要条件和保障。信息化条件的改善和混合式教学模式的运营，拓展了学生获取知识的渠道，改变了以往学生只能从教师课堂教学中获取知识的情况。教师的授课形式也发生了显著改变，线下教学和线上教学相结合，教学过程不再以教师为中心，而是始终以学生为中心，服务于学生的英语应用能力提升和综合素质提高。无线网络的校园覆盖使学生可以随时随地通过网络获取所需的知识，学生可以通过手机或笔记本电脑完成教师布置的在线课程学习任务并和教师在线互动交流，学生也能通过课程教学，和教师面对面交流，得到教师直接的指导和帮助。这种线上和线下相结合的混合式教学模式，不仅满足了不同层次学生的学习要求，而且也极大地提高了教师的教学效果和学生的学习效率。

（四）高职英语混合式教学模式的实施策略

基于翻转课堂理念的混合式教学要想在课程教学中取得更好的效果，需要从以下四个方面做出努力。

1. 转变师生角色定位

师生之间的平等、对话的关系是翻转课堂理念的混合式教学模式十分重视的内容，师生之间教学交流、传递信息和内化知识都可以通过线上线下课堂展开。对于教学所需的教学资源需要教师精心设计，基于项目的学习活动也需要老师去精心组织，让学生拥有更多的时间去自主学习、自我思考、汇报表达和参与讨论。而教师也应该转变自身的传统观念，对自己的角色定位进行主动调整，让自己尽快从课堂的主导者转变为教学的组织者、引导者和与学生的对话者。学生也要从之前教学的跟随者，认识到自己才是学习的真正主体，实现从"要我学"到"我要学"的根本转变，参与线上线下学习活动时都要积极主动，将自己的信息素养和自主学习能力努力提高上去，在完成混合式教学的各项任务时要一丝不苟，保证混合式教学的预期效果能够顺利实现。

2. 灵活运用混合式教学模式

混合式教学是一种全新的教学理念，是网络多媒体技术环境下传统课堂与网络课堂有机结合的新型教学模式，是以教师为主导、学生为主体，充分发挥学生学习主观能动性的教学方式。混合式教学模式的重点是"混合"，混合什么？如何混合？混合到什么程度？这需要教师加强调研、认真研究，并建立在对学生、教学环境和网络教学技术重复熟悉的基础上，需要教师在教学过程中根据教学内容特点、学生学习基础和学习能力、教学资源储备情况和信息化教学条件等进行科学设计、灵活运用。只有这样，才能使混合式教学模式更加贴合学生的学习需要，也才能取得最佳的教学效果。

3. 提升教师信息化教学能力

混合式教学模式要想在高职英语教学中得到有效实施以及可持续发展，英语教师的信息化教学能力水平有着决定性的影响。但目前在信息化教学中，高职英语教师普遍需要加强这项能力。因此，进行混合式教学模式改革的关键就在于对英语教师的信息化培训力度的加强，让教师的信息化设计和教学能力得到提升，最终达到开展混合式教学模式的要求。不仅如此，英语教师还要利用各种师资的培训项目来对现代教育教学理论、信息技术应用、信息化教学设计、信息化教学实施、信息化教学研究等技能进行系统性的学习。在开展校本特色研修，组织教师参加信息化教师工作坊研修的过程中，要注意结合学校课程特色和教学改革的要求。教师要在教学实践中不断研究，对自身的信息化素养和教学实践能力进行不断提升。学校还要鼓励教师对各级各类信息化教学大赛积极参与，以赛促教、以赛促研，促使教师的信息化教学能力得到进一步提升，为混合式教学模式顺利、高质量地实施提供智力保障。

4. 建设高质量在线课程资源

优秀的课程资源是满足学生学习需要、提高教学质量的关键。因此，要推动混合式教学在高职英语教学中顺利运行，必须有大量的高水平教学资源特别是网络教学资源作为支撑。建设高质量的在线课程资源需要教育管理部门和高职院校共同努力，有计划、有针对性地开发和建设。一是要发挥教育主管部门的统筹和引领作用，整体规划和设计优质在线课程资源建设规划，集中各地的优秀师资力量，分年度开发一批重点在线开放课程，服务高职院校实施混合式教学模式改革的需要。目前进行的国家在线开放课程和省级在线开放课程遴选和建设项目就是政府主导的课程资源建设计划。二是要发挥各个高职院校自身的特色和优势，高职院校要因地制宜，积极开发校本特色的在线开放课程资源，以满足学校混合式教学模式个性化、特色化发展的需要。充足的高质量在线课程资源是混合式教学模式实施的前提和保障。

第六章 高职英语阅读与写作教学创新

第一节 基于大数据背景下的高职英语阅读教学创新

一、高职英语阅读教学的内容与目标

（一）高职英语阅读教学的内容

无论哪种教学，教学内容都必须以教学目的为出发点。英语阅读教学的目的在于培养学生的阅读能力，使学生能够通过阅读英语材料获取所需信息。基于这一目的，高职英语阅读教学应包括以下内容：

①辨识单词。

②猜测陌生词语的含义。

③理解句与句的关系。

④理解句子言语的交际意义。

⑤辨识衔接词，并能据此理解文章各部分之间的关系。

⑥辨认语篇指示词语。

⑦把握语篇的主要观点或主要信息。

⑧总结语篇的主要信息。

⑨从细节中理解主题。

⑩将信息图表化。

⑪培养学生基本的推理技巧。

⑫培养学生的跳读技巧。

（二）高职英语阅读教学的目标

《高职英语课程教学要求》为英语阅读教学提出了三个层次的要求：一般要

求、较高要求和更高要求，具体内容如下。

1. 一般要求

①能基本读懂一般性题材的英文文章，阅读速度达到每分钟 70 词。

②在快速阅读篇幅较长、难度略低的材料时，阅读速度达到每分钟 100 词。

③能就阅读材料进行略读和寻读。

④能借助词典阅读本专业的英语教材和题材熟悉的英文报刊文章，掌握中心大意，理解主要事实和有关细节。

⑤能读懂工作、生活中常见的应用文体的材料。

⑥能在阅读中使用有效的阅读方法。

2. 较高要求

①能基本读懂英语国家大众性报纸杂志上一般性题材的文章，阅读速度为每分钟 70~90 词。

②在快速阅读篇幅较长、难度适中的材料时，阅读速度达到每分钟 120 词。

③能阅读所学专业的综述性文献，并能正确理解中心大意，抓住主要事实和有关细节。

3. 更高要求

①能读懂有一定难度的文章，理解其主旨大意及细节。

②能阅读国外英语报纸杂志上的文章。

③能比较顺利地阅读所学专业的英语文献和资料。

以上目标和要求为我国的英语阅读教学提供了权威指导，但教师不能死板地按照以上要求开展教学，而应根据实际情况把握教学内容和教学进度，突出重点、详略得当，当快则快、当慢则慢，使教学活动始终围绕着学生的实际状况开展起来，以保证最终的教学效果。

二、高职英语阅读教学方法

(一) 教授阅读策略

掌握一定的阅读策略对学生的阅读大有帮助。因此，阅读教学中，教师应注意阅读策略的传授，不能一味沿用旧的教学方法，让学生按照自己的指挥来学习。

概括来说，阅读中常用的策略主要有以下几种。

1. 略读

略读是一种快速阅读文章以获取文章大意的阅读方式。这种阅读方式要求读者以意群为单位，双眼迅速扫读文章，同时注意选择一些重要的词语、句子来读，以获取主要信息，那些次要的信息和细节——不影响文章大意理解的词句、段落则可以直接略过。需要指出的是，略读过后，读者要能够确定文章结构和作者语气。

略读的作用主要在于快速抓住文章梗概、测试读者在只阅读部分句子的情况下对文章的掌握程度。根据略读的结果，读者可以进行针对性训练，从而提高阅读的效率。

2. 跳读

如果在阅读中只需要查找我们所需要的信息，这时就没有必要逐字逐句、从头到尾通读下去，而是可以采用跳读的方式。跳读尤其适用于时间紧迫，不能进行通篇阅读，而对选择题中的几个选项又无法判定时，其目的是根据问题寻找答案，准确定位详细而又明确的信息。

3. 寻读

和略读、跳读一样，寻读也不需要对文章进行逐字逐句的阅读，而只须根据需要在文章中迅速搜寻所需内容。这种具有极强针对性的阅读技巧提高了阅读速度。在寻读过程中，学生可快速浏览全篇，忽略与题目要求不相关的信息，积极寻找和题目相关的内容。

4. 寻找主题句

文章是由段落组成的，因此对段落大意的理解是语篇理解的基础。理解段落大意的关键是寻找主题句。主题句是文章大意的概括，结构较为简单，一般位于段落的开头，有时也位于段落的结尾或中间，甚至隐含在段落里面，需要读者认真分析、理解。

5. 推理判断

并不是所有的信息都能从文章字面意思上看出，有时就需要推理判断。推理判断对学生的要求较高，它要求学生要以理解全文为基础，从文章提供的各个信息出发，对文章逐层进行分析，最后准确推断出文章的中心思想。推理判断有直接推理判断和间接推理判断之分。

直接推理判断是指在理解原文表层含义的基础之上，结合所提供的信息推断文章的结论。间接推理判断是指挖掘文章的深层含义去推测作者的态度和文章的主题等。

6. 猜测词义

猜词策略要求读者根据上下文线索、逻辑推理、背景知识及语言结构等知识猜测某一生词、难词、关键词的词义。熟练掌握猜词策略对提高阅读速度与能力、增强英语阅读的兴趣和信心具有极大的促进作用。具体来说，猜词策略主要有以下几种。

（1）根据定义猜测词义。为了便于读者理解，很多作者都会对文章中论文的概念做进一步的解释和说明，而且常会使用一些标志性短语，如 which means、in other words、namely、refer to 等，据此就可以猜测词义。

（2）利用同义词和反义词猜测词义。在介绍或说明某个概念时，文章作者常会采用与其相同或相反的词来重复说明，根据这些同义词和反义词就可以猜测词义。

（3）根据上下文猜测词义。有时，生词所在的上下文会为其语义提供指引，学生可利用生词所处的语言环境来猜测词义。

（4）利用构词法猜测词义。英语构词法知识，如词根、词缀、混成法、截短法等是词义猜测的一个重要而且科学的方法。

（二）合作阅读教学

合作阅读教学法是通过小组合作的方式让学生互相帮助，在交流讨论中深化对文章的理解，并掌握一定的阅读策略。这种教学方法适用于大部分课堂，在学生阅读水平参差不齐的班级中效果尤其显著。通过合作阅读教学，学生的词汇量、阅读能力以及合作意识都会得到极大的提升。具体来说，合作阅读法的操作步骤如下。

1. 读前准备

合作阅读开始之前首先应做好读前准备，其目的在于激活学生头脑中的相关图式。读前准备主要包括以下三项内容：

（1）对文章主题进行预测。

（2）激活与文章相关的背景知识。

（3）短时间内了解与文章相关的信息。

做好读前准备对激发学生兴趣、促进阅读理解有很大的帮助。

为实现这一点，教师要从以下两个方面着手：①鼓励学生在脑海中搜寻尽可能多的背景知识，并让他们将之全部输出，汇总报告给全班同学。②鼓励学生预测文章内容。

2. 细节阅读

这一环节中，学生开始阅读文章，了解文章细节，并发现哪些内容能够理解、哪些不能理解，从而对自己的阅读进程、理解程度有一个清晰的认识和监控。当遇到难以理解的内容时，学生可以通过以下三种方式来解决：

（1）利用构词法知识猜测词义。英语中很多词语遵循着英语构词方法，掌握这些方法对理解生词有很大帮助。

（2）利用上下文语境测猜词义。这是因为词汇在交际语境中才更准确而具体。

（3）利用关键词、连接词理解词义。

3. 大意理解

阅读结束后，学生首先应该对所读文章大意有一个整体的了解。具体来说，此时学生应该掌握以下两条要求：

（1）找出文章六要素：时间、地点、人物、起因、经过、结果。

（2）能够用自己的语言重述材料内容，注意包括以上六要素。

在这一阶段，教师可先提出一些问题，让学生带着问题去阅读。阅读结束后可将学生分成人数相同的若干小组进行讨论，交流观点后归纳总结出答案。最后教师可抽查每个小组讨论的情况，请某个或者每个小组陈述观点，其他小组成员可发表评论意见，充分发挥交际之于语言学习的积极作用。

4. 巩固理解

巩固理解环节主要是加深学生对材料的理解，同时扩展学生的知识面。本环节中，教师可让学生根据阅读材料提出问题。由于学生长期以来都处于被问的位置，可能不擅长提问，所提的问题也有可能偏离重点，为避免这些情况的发生，促使学生提出实际有用的问题，教师可先提出几个问题为学生做示范，使学生明白各类问题的提问方法和问题与材料之间的关系。

5. 合作学习

通过前面四个环节，学生应该已经十分了解阅读材料并足够熟练地掌握阅读的策略了，此时就可开展合作学习活动。教师可将学生分成六人小组，每个小组成员都要扮演一定的角色。角色分工如下：

（1）组长。组长的责任是确定合作阅读每一阶段的任务，组织整个活动的开展，保证活动的顺利进行。

（2）问题专员。问题专员的责任是在学生猜测词义时用问题卡片提示操作步骤。

（3）激励员。激励员的责任是鼓励组员积极参与活动，评估每个组员的参与程度，为小组下一步活动提供建议。

（4）监控员。监控员的责任是监控组员的参与情况，保证每次只有一个人说话，避免七嘴八舌地讨论。

（5）发言人。发言人的责任是作为本组代表宣读讨论结果。

（6）记时员。记时员的责任是掌控合作阅读各阶段的时间，提醒组员及时转入下一阶段的活动。小组合作学习中，学生能够在轻松的心理状态下加强交流，进一步深化对文本的理解，锻炼学生听、说、读的综合语言技能，有助于辩证思维和创新意识的培养和发展。

通过上述环节，学生的阅读学习得以循序渐进地逐层开展，这不仅符合人类的认知规律，也符合言语活动发展的规律。

(三) 结合元认知策略

元认知 (meta cognition), 即认知主体对自己认知过程、结果以及相关活动的认知。

简单来讲, 元认知是对认知的认知。

元认知策略是指学习者利用元认知知识有意识地、合理地对自己的学习进行安排、监控、调节和评价, 从而提高学习效率。由此可见, 元认知策略是一种自我监控策略, 体现了学习者的自主性和主体性。

因此, 英语阅读教学中, 教师应培养学生掌握这一策略, 让学生对自己的阅读活动有一个更加清醒的认识和监控, 从而选择恰当合适的阅读策略, 提高阅读效果。

1. 引导学生读前预测

有效、合理地使用阅读策略和技巧对提高阅读能力发挥着重要的作用。而根据元认知策略, 对文章内容进行有根据的预测是阅读前的一项重要准备, 如果做好了读前的预测工作, 那么学生就会在头脑中对文章构成合理的想象。

对文章有一个大致的了解, 并形成初步的阅读计划, 进而胸有成竹地继续阅读。因此, 在阅读教学中, 教师首先应向学生布置相关的预测任务。在进行整篇阅读之前, 教师可要求学生依据文章的标题以及文中的插图等信息对文章内容进行有根据的预测。与此同时, 教师要充分发挥课堂提问的作用, 通过有效的提问来激发学生的想象力, 并组织学生积极展开讨论, 以扩大话题, 发散学生的思维, 从而使学生的预测与文章内容更加接近。此外, 教师还可以从文章中找出一些关键词, 让学生根据这些关键词展开想象, 预测文章的内容。让学生对文章的内容进行预测, 不仅可以激发学生的学习兴趣, 发展学生的思维和想象力, 还能培养学生的预测和推断能力, 进而培养学生的阅读能力。

2. 引导学生读中监控

在阅读过程中, 教师要根据不同的阅读目的引导学生采用不同的阅读策略。如果阅读文章只需要了解其大概含义, 就可以采用泛读法。具体来讲, 教师可以引导学生阅读文章的首尾段以及各个段落的首尾句, 找出各段的主题句、中心句等来了解文章的各段大意。如果需要对文章进行全面、细致的了解，就需要精读或细读，在了解整篇文章的大概意思之后，还要引导学生对文章的句子、短语和词汇进行细致的理解，分析重要的句子结构和语法。对于一些较难且重要的文章，教师则要引导学生对重要句子的语法点进行深入的分析和比较，理清句与句之间的内部关系，弄清句子的深层含义和作者的意图与观点。而这些都需要学生根据阅读目的对自己的阅读策略和过程进行有意识的监控，即在实际的监控过程中依据上下文猜测词义，找出能体现作者写作意图的句子，并提出自己的观点。此外，教师在教学中还要指导学生根据自己的阅读情况调节自己的阅读速度，减慢或者加快，但这要在保证准确理解的基础上对进行，以保证阅读的有效性。

3. 引导学生读后反思

学生阅读完以后，教师要引导学生反思和评价自己的阅读情况，总结阅读经验，在日后遇到同类问题时能够更好地处理。具体来说，教师要教会学生如何分析和解决阅读中的问题，如遇到生词和陌生的语法时，不能因为抠生词含义而降低阅读速度，导致阅读时间不足，继而影响对整篇文章的理解。另外，教师还要让学生总结阅读过程中哪里做得好、哪里做得不好，找出原因和解决的办法，并写成反思日记，作为以后的借鉴。

（四）结合文章背景进行教学

1. 教学理念

结合文章背景教学，是指在阅读教学过程中，教师要让学生在关注阅读材料的同时，对文章的作者、写作背景、写作意图等也有所了解，并基于这些了解对文章的整体结构、写作思路、文章观点等进行思考和评价，让学生意识到作者是如何选词造句、设计结构来实现写作意图的，以此来加深学生对文章的理解，同时锻炼学生形成分析性、批判性思维。这对他们未来的阅读学习和阅读实践十分重要。

2. 教学步骤

（1）教师布置阅读任务，任务不宜太艰巨，以文章的一、两段为宜。

（2）学生开始阅读之前，教师还要提出一些与文章相关的问题，让学生带着问题阅读，边读边思考。例如：What is the author trying to tell you? Why is the author telling you that? Does the author say it clearly? How could the author have said things more clearly? What would you say instead?

（3）阅读结束后，将学生分为若干小组，组织学生讨论之前提出的问题并提出自己的质疑，总结每组的观点和问题。

（4）每组派代表回答前述问题并提出本组质疑，其他学生自由回答。

（5）通过学生的讨论和回答情况，教师对学生的阅读情况进行评估，并注意多鼓励、少批评。

（五）结合图式理论进行教学

"图式"这一词语来自希腊语，最早出现在古希腊哲学和心理学的著作中。

但其作为一个概念却最早由德国哲学家康德提出。康德指出"图式是先验想象力的产物；先验的时间规定性是将知性概念与感性经验统一起来的第三者，沟通概念与对象的媒介物"。语言学家库克指出，图式是形成于人脑长期记忆中的有关人对世界的认识，也就是所谓的背景知识。图式对人们的认知过程有着重要的作用，它是认知的基础，人们在处理外界信息时都需要调动大脑中的相关图式，当读者将大脑中的图式与语言材料所提供的信息联系起来时，就能理解所阅读的材料，否则阅读就会失败。到20世纪60年代，图式理论得以产生和发展。

图式理论主要研究和说明了已知信息对认识所起到的基础性作用。通过了解图式理论的基本内容可以得知，图式理论与阅读有着紧密的联系，并对阅读的顺利进行起着重要的制约作用。首先，图式对阅读具有指引注意的作用，通过运用图式，学生可以在阅读中自行控制自己的注意力。其次，图式具有促进编码的作用，通过运用图式，学生可以将阅读的内容与自己已有的知识结合起来，找出恰当的"结合点"，进而形成易于理解的编码。最后，图式能够促进记忆和形成推理，这都有助于学生的阅读。所以，将结合图式理论进行阅读教学，将能显著提高学生的阅读能力，使学生对阅读有一个深刻的理解。根据图式理论，图式可大致分为三类：语言图式、内容图式和形式图式。以下就结合这三个方面来分析基于图式理论的英语阅读教学策略。

1. 建构语言图式

语言图式指的是读者所掌握的语言知识以及运用语言知识的能力，也就是读者掌握关于语音、语法、词语等方面的知识以及运用这些知识的能力。扎实的语言知识是阅读的基础和前提，如果不具备相应的语言图式方面的知识，就不具备对输入的信息进行编码和解码的能力，也就更不能依据文章信息激活大脑中的其他图式，进而也就不能获得对文章的深刻理解。可以说，语言图式在某种程度上反映了读者的语言水平。所以，教师在进行英语阅读教学之前首先要帮助学生建构语言图式，为阅读的展开做好准备，排除学生阅读理解的困难，保证学生的阅读顺利有效地进行。

在传统的教学中，教师也非常注重对词汇的讲解。在学生开始阅读之前，教师会讲解生词、介绍词语搭配、举例说明等。但是，建构语言图式并不是简单地对阅读中相关的词汇及其例句进行罗列，而是对相关词汇的意义的组合和建构。

2. 建构内容图式

内容图式又称"主题图式"，指的是读者所掌握的关于文章内容的背景知识，如语言知识、文化背景等。阅读理解能够顺利进行，内容图式起着关键作用。如果缺乏内容图式，即使能读懂字面文字，也无法参透其本质内含，达到与作者交流的目的。而这也正是造成许多读者阅读失败的重要原因。读者的背景知识可以填充阅读中缺失的信息，同时也有助于帮助读者更加准确地预测。所以，在阅读教学中，教师要注意对学生内容图示的建构。具体来讲，教师可以先向学生介绍一些相关的背景知识，然后以提问的方式来巩固学生的内容图式。

3. 建构形式图式

形式图式指的是关于文章行文及谋篇结构方面的知识，表明文章的类型、篇章的组织和修辞结构等。对文章体裁结构的了解有助于读者对文章内容的理解。

具体来讲，文章可分为记叙文、说明文、议论文等，每一种文体都有各自独特的写作风格和表达模式，熟悉不同文章的类型可有助于读者从整体上把握文章的组织结构和作者的写作思路，从而在一定程度上简化了阅读的过程，并降低了阅读的理解难度。所以，在具体的教学中，教师要有意识地向学生介绍这方面的知识，帮助学生建构形式图式。

三、大数据背景下信息技术整合与高职院校英语阅读的有效教学

随着教学水平的进步与不断发展，英语教学逐步开始转变教学模式，由原来的专注教学转变为英语学习兴趣的培养。新的教学改革背景下，高职生的学习参与交流与互动成为主要的方式，这样的方式目的在于培养学生的自学能力和学习意识。目前，随着网络技术的不断进步，计算机技术已经被应用到各个方面，因此，在英语教学中应该引入网络技术，这样可以通过信息技术将高职院校英语阅读教学转变为新的模式，这种新的教学模式能够培养学生合作互助及自主创新的能力，对高职院校学生的全面协调发展起到有力推动的作用。

(一) 信息技术整合概述

目前，信息技术整合没有形成统一的概念，关于信息技术的定义及观点众多，但就高职院校英语阅读教学来说，所谓的信息技术整合，就是在高职院校英语阅读中有效地将信息技术进行融合的一个过程，这个过程是用来构建一种新的英语教学模式，既能体现教师的主导作用，还能将学生的主体地位体现出来。这种"自主、合作"的阅读模式，能够充分地将学生的积极性及主动性和创造性发挥出来，改变传统的以老师为中心的阅读教学模式，发挥出学生在英语阅读中的创新精神和实践的能力。

(二) 信息技术整合背景下高职院校英语阅读的策略

1. 建设及完善英语阅读的资源库

构建一个合理的英语阅读资源库，首先，要激发高职院校师生英语学习的主动性，这个可以通过校园网的形式进行英语学习地的流和资源的共享。利用校园网建立起一个网络化英语阅读的资源库，这个资源库内的资源由专业的英语老师及专家进行选取，选取可以根据高职院校学生的需求综合进行，这样就可以实现优秀英语资源的有效整合。推动英语阅读有效教学的有效手段就是优化英语阅读的资源库，这主要通过网络及多媒体进行，可以以此来服务英语教学。其次，对英语教育资源开发能力的提升也要不断加强，在英语资源的提升中要坚持以学生为主体，这样就可以满足高职院校英语阅读全面发展的需要；另外，也能切实提

高英语教学的效率。通过对英语阅读信息库内容的不断更新及完善，并随着技术的不断发展，英语阅读教学的信息资源库也要随着信息技术的发展而不断更新。这样既能符合信息时代发展的需求，也能够推进英语阅读教学改革的不断改进，实现英语阅读教学的现代化及信息化。

2. 信息技术整合背景下师生交流的加强

在高职院校阅读教学过程中，学校虽然设置一定的讨论环节，但是因为各种因素的限制，很多时候讨论环节只是表面上的，很多同学无法真正参与其中。学生在课堂之外的课外阅读一般是自主进行的，因此，学生在阅读的时候难免会遇到一些词汇和理解上的各种问题，对于单纯词汇的问题可以通过查阅相关工具书来解决，但是在英语理解方面的问题就需要英语教师的帮忙。在传统教学中，教师不能完全解决学生阅读中的各种问题，当面指导学生的机会也只是在学校里。如果学生的问题长时间得不到解决，就会削弱学生学习阅读英语的兴趣、降低学生的阅读积极性。但是信息技术整合后，信息技术能够解决教师和学生之间不能实时沟通的问题。网络学习可以打破在英语阅读上的时间及空间的局限性，这样哪怕学生和教师不见面，双方也可以在空闲的时间利用相关信息技术进行互动交流，及时对学生在英语阅读中存在的问题进行解决，有利于教师和学生之间交流的加强。

3. 能够充分建立起英语阅读前的相关知识及背景，提高学生阅读的兴趣

高职院校英语阅读的知识层面可以利用信息技术的整合进行，比如利用集成文字及图像和影像还有声音及动画等信息技术，对于丰富学生知识面有积极的作用。另外，利用校园网等互联网形式，可以让教师对学生在英语阅读中的满意度进行充分了解，并及时对英语阅读中存在的问题进行沟通交流。网络信息技术加强了教师与学生之间的沟通，让教师更能明白学生的各种需求。与此同时，英语阅读教学的形式和教学的内容可以通过网络信息技术进行丰富，这样更能够激发起学生英语阅读的积极性和主动性，对于学生主动探究知识能力的培养也有好处。

4. 网络技术能够实现网络上的自主阅读技能的培训

在网络英语学习中的一个大的难题就是对新单词的理解，对于新词语意义理解的深浅直接关系到我们在英语阅读中的速度和对文章的理解程度。因此，在高职院校英语阅读中教会学生使用网络电子词典能够促进学生在英语阅读中对新单词的理解。学生通过学习掌握网络电子词典的使用方法，能够有效地提高学生在英语阅读中的速度和信息的处理能力。因此，高职院校应该通过专门的课堂教学，指导和帮助学生掌握网络词典的使用方法，这对于学生网络学习自主能力的培养有很重要的意义。

另外，学生使用网络词典的主要目的就是为了理解在英语阅读中词汇的含义，但是，在实际的英语阅读中，能够掌握词语及语句的综合理解才是阅读的终极要求。因此，学生在掌握网络词典的使用方法后，还要根据上下文的语境判断出新词语的意义，对这方面的能力进行学习和掌握，才能综合、全面地促进英语阅读能力的不断提高。

(三) 信息技术整合背景下高职院校英语阅读的模式探讨

1. 信息技术整合背景下高职院校英语阅读教学的理论基础

英语阅读教学的理论基础分为三个部分，分别是构建主义学习论、教育设计的理论、多元化的智能理论。

第一，构建主义学习论。在构建评论理论中，学习是一种内在心理表象的过程。所谓的学习就是在本身已有的经验的前提下，再同外界的相互作用后获得新的知识的一种构建。在构建主义学习论中，不仅仅要求学生要改变以往的被动式的接受者的状态，与此同时，老师有义务帮助学生主动进行知识的构建。在信息技术整合的环境下，高职院校英语阅读教学中，老师要发挥出组织、指导及促进教学的作用，努力为学生创造出良好的英语阅读学习环境，并能够充分将信息技术利用起来，加强学生自主学习的能力及合作沟通的能力的培养，将学生的英语阅读兴趣、积极性及创造性充分激发出来，帮助学生理解所学英语知识的含义，从而达到各项学习目标的要求。

第二，教育设计的理论。在教学设计的整个过程中，合理、恰当地将信息技术与英语阅读教学结合起来，并根据教学者的教学及在教学过程中的特点，将教学理论的指导用于不同的教学设计，这样就能够大大提高教学的效果。

第三，多元化的智能理论。多元化智能理论对学生各方面能力的培养及发展都十分重要，传统的"老师讲、学生听"的教学形式忽视了学生在认知上、学习能力上的差异。但是，多元化的智能理论则认为，人与人之间在智力上是存在差别的，因此每个人对事物都有个人的认知过程。因此，在这种理论下，对不同的教学对象要采用不同的教学方法及手段，因人而异、因材施教。信息技术作为英语阅读教学的一种辅助工作，在促进教学要素的优化上有重要的意义，而且还能聚集能力，能够增加学生在学习英语上的情感，让学生拥有一种更加科学的英语学习方法。

2. 信息技术整合背景下高职院校英语阅读教学流程

教学模式的目标就是教学目标的实现。在信息技术整合的背景下，高职院校英语阅读的教学模式中包含了英语学习的理论基础，还有英语阅读教学的软硬件设施以及老师、学生的各种素质条件，最重要的是在英语阅读教学模式中要建立一个科学的操作流程，这个操作流程就是整个英语阅读教学实现的保障。

信息技术整合背景下高职院校英语阅读教学的流程包括阅读前相关信息的输入及阅读中相关信息的加工，还有阅读后相关信息的输出。

第一个阶段：阅读前相关信息的输入。在以往的教学模式背景下，一般采用的是英语阅读教学资料由教师进行准备教案，另外再加上学生对新单词的预习。这就是在英语阅读教学前一些相关信息的输入过程。在学生预习的阶段，传统的英语阅读教学一般会要求学生对生词及语法还有语句等进行预习，但是，信息技术整合背景下，英语阅读教学就要求对阅读的材料的背景进行了解。对于阅读材料的了解，一般情况下英语教学中往往被忽视。信息技术整合背景下，在英语阅读教学中，要求对阅读的材料进行事前预习，并且加强了学生对于字词及写作的要求，要求学生对写作背景等进行充分的了解，这样在写作背景基础上进行理解，预习效果就会大大提升。

信息技术作为创设情境及多媒体演示的主要工具，可以对以往的教学模式进行有效的突破，并且可以根据英语阅读材料中相关情景设置生活情境。这样在信息技术的背景下，既能保证课堂气氛的活跃，还能够激发学生进行英语阅读的兴趣。

第二阶段：阅读中相关信息的加工。信息技术整合背景下高职院校英语阅读教学倡导以学生为中心，激发出学生参与英语阅读的积极性，培养学生的合作互助能力，因此，鼓励学生积极地参与到英语阅读教学课堂教学之中。在信息技术整合背景下对所有英语阅读教学活动不是采取放任的态度而是在创建教学场景下进行，在这种方式下加上科学的学习方法，对学生的积极性进行鼓励及支持，激发出学生进行英语阅读的兴趣。这种模式能够使得学生更好地融入课堂之中，还有利于班级英语阅读气氛的形成。

学生在阅读中相关信息加工环节的主要作用就是在阅读的过程中，通过彼此之间阅读材料的交换，并通过信息技术网络与教师沟通交流在课外阅读的过程中遇到的一些难题。这就要求学生在进行英语阅读的时候要集中自己的注意力，在掌握了英语单词及英语语法的基础之上，对文章的背景意义进行全面的理解。在与学生进行线上沟通的时候，教师能够在学生理解阅读文章主题的基础之上对学生掌握整篇文章的含义进行具体的分析，分析出文章的中心思想。这样在整个阅读的过程中学生就能实现从基础知识到完全理解的一个过程的全部转变，另外在这个过程中对于发现的一些问题，通过网络技术及时地与教师进行沟通，对英语文献的阅读进行加工和处理，到最后全方位地完成整篇文章的理解。

在信息技术整合背景下高职院校英语阅读的教学中，教师主要起到指导和帮助的作用。学生在英语阅读中遇到困难的时候，作为教师就要对学生所遇到的问题进行了解和准确的分析，帮助并指导学生能够自主地克服在英语阅读中遇到的困难。同时，对于学生在阅读中提出的问题，教师要进行适时的整理和总结，这样就能使得教师对学生提出难题的原因进行分析，并找出学生在阅读中出现问题的原因。对于教师来说，这一过程也是对自身在英语阅读教学中存在的一些问题进行反思和改进的过程，对于英语阅读教学质量的提升有很大的意义。

信息技术在英语阅读教学中的阅读阶段是以多样化的形式存在的。它既能够通过多媒体的方式对英语阅读的基础知识进行呈现，并且在信息技术的前提下，英语阅读教学能够为学生提供比较丰富的英语阅读的资源，能够为学生扩充英语阅读知识背景提供帮助。而且，信息技术的广泛应用，能够有效地避免学生在课外英语阅读中的困难，拓宽了学生的知识面，能够丰富学生的英语知识层面，有利于英语阅读的顺利开展。

第三个阶段：阅读后相关信息的输出。高职院校学生在英语阅读中的最后部分就是信息输出。这一过程就是学生在进行了一系列的英语阅读后，将信息阅读后的相关信息输出，这一过程能够使得学生的英语读、说及写作的能力得到很大的锻炼和有效的提高。在信息输出阶段，老师可以根据学生的相关阅读情况对学生的英语阅读进行评估及分析总结，这样有利于以后教师指导及帮助学生更好地进行英语阅读。同时，教师在分析及总结的过程中，也能够对自己教学中存在的问题进行反思，对日后教学的改进及教学质量的提升有帮助。信息技术作为一种信息输出的工具，它是学生提供信息的输出平台及一种输出的方式，学生可以通过这个平台对信息的输出进行展示及发布。

第二节　基于大数据背景下的高职英语写作教学创新

一、高职英语写作教学的内容

（一）结构

1. 谋篇布局

在写作之前首先要谋篇布局，谋篇布局作为写作的起点，对写作有着至关重要的作用。所谓谋篇布局，是指根据不同的题材、体裁来确定篇章以及段落的整体结构，并据此选择恰当的扩展模式，保证写作顺利地开展。就篇章结构而言，大体结构是引段—支撑段—结论段；就段落结构而言，大体结构是主题句—扩展句—结论句。但是谋篇布局并不是固定不变的，当题材和体裁不同时，文章的谋篇布局也会随之变化。

2. 完整统一

完整统一指的是文章中所有的细节如事实、原因、例子等都要围绕主题陈述和展开，所有的信息都要与主题相关，而所有脱离主题的信息都要删除，以保持文章段落的完整性。完整统一是评价文章优劣的重要标准之一，如果一篇文章缺乏完整性，那么该文章也不能算是好的文章，所以在教学过程中，教师有必要对学生进行这方面的训练。教师可以为学生设计专项练习，如设计含有不相关的段落、组织学生修改等，以增强学生这方面的意识。

3. 和谐连贯

和谐连贯对于一篇文章来讲也是非常重要的，因为它是一篇优秀文章必须具备的因素。因此，在写作过程中，学生要注意文章的连贯性和逻辑性，保证句子与句子之间紧密相连、内容之间衔接流畅、段落与段落之间环环相扣，使整篇文章流畅自然、和谐统一。英语中保证文章连贯统一的重要方法就是使用恰当的连接词和过渡词语。

4. 各种写作技巧

能否运用一定的写作技巧，对学生文章的好与坏有直接影响。因此，掌握一定的写作技巧将对学生写出高质量的文章发挥重要作用。英语写作教学中，教师应注意写作各阶段技巧的传授，如在准备阶段能明确话题，确定中心思想，根据写作目的收集与主题相关的信息并整理信息，组织素材和规划文章结构；在拟稿阶段能列提纲，起草文章，增加新观点；在修改阶段能仔细地检查文章中的错误，对文章进行加工润色等。写作技巧的传授往往能够使写作教学事半功倍，节省时间以供学生写作练习。

（二）句式

句式也是英语写作教学的重要内容。英语句式纷繁复杂，常见的有强调、倒装、省略等，而且每一种句式又有不同的形式。掌握形式多样的句式对于写好文章十分有利，所以让学生加强句式练习是很有必要的。在英语写作教学中，教师可以用"示范"和"讨论"的方式让学生进行练习，促使学生掌握多而正确的表达方式，以使学生写出更加精彩的文章。

（三）选词

词汇有两层含义，一个是表层的，一个是深层的。如果对词汇了解不够深刻，不能选用恰当的词汇，将会严重影响写作的效果，所以选词也就成了英语写作教学的重要内容之一。选词与个人爱好有关，它是个人风格的体现，也是作者与读者之间交流的方式之一，所以在选择词汇时应该考虑到语域的因素，如褒义词与贬义词的选择、具体词与概括词的选择、正式词与非正式词的选择、形象词的选择以及拟声词的选择等。

（四）拼写和符号

拼写和符号也是英语写作教学不可忽视的方面。如果没有了拼写与符号，文章的逻辑结构就不能体现出来，文章就会一片混乱。拼写和符号均属于学生的基础知识范畴，具体体现在单词的拼写和标点符号的使用是否正确，尽管是一些细节上的问题，但对英语文章的整体质量有着重要影响。

二、高职英语写作教学新方法

（一）过程教学法和平行教学法

1. 过程教学法

过程教学法于 20 世纪 60 年代兴起于美国，它是在认识论、信息论、控制论以及各种语言理论和教学法的综合影响下形成的一种写作教学方法。格拉夫指出，教师在英语写作教学中应帮助学生理解和内化写作的全部过程，使写作成为一种交际行为，而不应该仅是对结果的死板模仿。过程教学方法就是一种注重写作的过程，力求营造一种教学氛围，将学生的需求置于师生间交互学习的中心的有效的方法。

此教学方法之所以力求营造一种教学氛围，主要有下面四个目的：

①使学生可以共享信息、相互帮助。

②促使学生敢于创新，并做出个性化选择。

③将写作视为一个过程，认识到这个过程的开始就是第一稿。

④与其他同学共同评估自己的文章，然后进行修改和完善。

一般来说，过程教学法主要包括如下五个环节：

①写前准备环节。学生要在教师的指导下审题，并通过小组讨论的方式搜集

素材，然后构思内容列出提纲。

②撰写初稿环节。学生可以采用个性化活动方式，独立撰写初稿。

③修改。这一环节主要在课堂上进行，一般采用学生互评和教师抽样点评相结合的方式进行。

④撰写第二稿这一环节是对初稿的再加工过程，即学生根据上一阶段中发现的问题来进一步完善自己的写作，写出第二稿。

⑤教师批改评讲。在这一环节中，教师对学生的作品进行检查和批改，目的是让学生充分了解自己写作中的问题以及写作的过程，激发学生的写作兴趣，拓展学生的写作思维。

2. 平行写作教学法

平行写作教学法是指在学生开始写作之前，教师要先给出范文，并就所写题目为学生提供必要的提示信息。学生主要根据教师的提示完成写作。

(二) 策略教学法

在英语写作过程中，学生可以采取一系列的策略，以使自己顺利地完成写作。下面就来介绍一些常用的写作策略。

1. 选题构思策略

在写作开始之前，作者首先需要进行选题构思。下面就是几种常见的构思策略。

（1）自由写作式

自由写作式的构思是指在看到文章题目之后，大脑便开始思考，然后将大脑中形成的所有观点和信息记录下来并进行筛选，从中选取认为有用的信息，删去多余的信息。这种构思方式不受限制，思路可以完全打开，且写作的框架也会随之形成。

例如，写一篇题为 How should we spend our spare time 的文章，学生可以这样打开思路：How should we spend our spare time? Go to a park, fishing, playing basketball, sports, doing homework, reading books, newspapers, magazines, visit friends, go to movies and play computer games, no it´s not good. Waste time. We´d better finish the work first. Do some housework…

（2）思绪成串式

思绪成串式的构思是指作者先将所要写的主题写在纸的中间，并画一个圆圈，然后将所想到的与主题相关的词都写出来，分别画上圆圈，最后将这些关键词进行总结并确定写作思路。

（3）五官启发式

五官启发式的构思是指将主题与视觉、听觉、嗅觉、触觉等几个方面联系起来进行思考，搜寻与题目相关的材料。当然，在具体的写作过程中，作者没必要将视觉、听觉、嗅觉、触觉等方面全部都考虑到，可依据实际情况进行选择。

例如，在写文章 *My Best Friend* 时，学生就可以从下面四个方面进行构思：

视觉方面：He has a round smiling face. He walks slowly for he enjoys talking while walking. He likes to swing his pen in his hand when he has nothing to do with his hands in class. He often makes faces when he's happy. He does his homework quickly and often helps others and me with math problems. He likes to play ping pong with me.

听觉方面：He whistles a tune when he is alone. He can talk on and on about computer games. Whenever he understands something, he is always saying," Oh, I know, I know."

触觉方面：When we play ping pong, I can feel his toughness and strength. And he is quite good at it.

嗅觉方面：I could smell his sweat in summer. This shows he enjoys sports very much in a way.

2. 开篇策略

文章开头的好与坏，影响着读者是否有继续读下去的欲望。文章开头是最引人注意的一个部分，所以如果有一个精彩的开头，那么就会很容易吸引读者的注意力，所以在开篇时也要注意运用一些有效策略，以使文章更加出彩。常见的开篇方式有以下四种：

（1）开门见山。

（2）描写导入。

（3）下定义。下定义就是在文章的开头给出必要的解释说明，以帮助读者理解。

（4）以故事引入。

3. 段落展开策略

关于段落的展开，以下具体介绍常见的四种方式。

（1）按时间展开。这种段落展开方式多用于记叙文中。

（2）按空间展开。按空间展开段落的方式常用来描述景物或一个地方。

（3）按过程展开。按过程展开段落的方式多用于记叙文中。

（4）按分类展开。按分类展开是指将要说明的事物按照其特点进行分类，然后逐一进行说明。该方式常用于说明文。

4. 结尾策略

结尾部分同样至关重要，一个好的结尾不仅能吸引读者的注意力，还能起到画龙点睛、增色添彩的作用。

（1）总结式结尾

总结式结尾就是在文章的结尾处对全文进行总结概括，以揭示主题，加深读者的印象。例如：A cartoon combines art and humor. When it is skillfully done, a simple line drawing and a few words can make people laugh. Their troubles seem less important, and they enjoy life more fully.

（2）展望式结尾

展望式结尾就是在文章结尾处表达对将来的期望。例如：If everyone has developed good manners, people will form a more harmonious relation. If everyone behaves considerately towards others, people will live in a better world. With the general mood of society improved, there will be a progress of civilization.

（3）建议式结尾

建议式结尾是指根据上文中论述的问题，在文章结尾处提出建议或解决方法。

例如：

College athletics plays such a vital role that it deserves close attention and persistent effort. It is suggested that physical training should be regarded as a required course wedged into college curricula, however crowded it may be, and that a fair share of college budget should be, devoted to athletic programs. We sincerely hope that this suggestion will be a commitment that all colleges and universities will take up.

Stereotypes such as the helpless homemaker, harried executive and dotty grandparents are insulting enough to begin with. Placed in magazine ads or television commercials, they become even more insulting. Now these unfortunate characters are not just being laughed at; they are being turned into hucksters to sell products to an unsuspecting public. Consumers should boycott companies whose advertisement continues to use such stereotypes.

5. 修改策略

初稿完成之后，还必须对初稿进行加工润色，即修改，以使文章更加完整。文章的修改可从以下三方面入手。

（1）主题方面

主题是文章的关键，如果其他方面写得再好，但主题有所偏离，也不能称得上是好的文章。在检查主题方面的错误时，可从以下五个方面入手：①检查主题是否完整统一；②检查文章是否符合题目要求；③检查主题句是否清晰；④检查文章内容是否与主题紧密相关；⑤检查语气是否一致、时态是否恰当。

（2）段落方面

在检查段落方面的问题时，可从以下四个方面入手：①检查段落的展开是否流畅；②检查段落材料是否充实；③检查段落之间是否连贯；④检查过渡词的运用是否恰当。

（3）语法方面

语法错误是学生写作中最容易出现的错误，所以对于这方面的错误要仔细检查。通常可以从以下四个方面着手：①检查句意表达是否清楚；②检查句子是否有语法错误；③检查标点符号运用是否正确；④检查拼写是否正确。

（三）网络辅助写作教学法

20 世纪 90 年代以来，计算机网络与多媒体技术的发展为我们解决英语写作教学的诸多难题提供了条件。多媒体和网络具有资源丰富、情景真实、灵活自如、不受时空限制的特点，通过多媒体和网络，学生可以接触到地道的英语，从更广的范围了解英语文化以及英语文化与汉语文化的不同，还可以激发学生学习的兴趣，培养学生自主学习能力。

网络辅助英语写作教学就是借助网络技术和网络资源，以学生为中心，使学生在教师的指导与监控下发挥其积极性与主动性，就某一主题上网搜索收集、阅读、分析、归纳、模仿、写作、交流。教师的工作主要是布置任务、检查任务完成情况、反馈并评价学生的作业、组织学生之间的交流、布置新的任务。

三、大数据背景下多媒体辅助教学在高职英语写作中的应用

（一）信息技术与高职英语写作教学进行整合的原则

高职院校的教学是为了培养综合能力强、专业素质过硬、基本知识储备丰富的技术性人才。高职英语是培养我国国际化职业技术人才的基础学科之一，学生将来无论是走向自己的工作岗位还是走向社会，都会应用到英语写作能力。因此，搞好英语写作教学具有教育发展的时代性，也有利于学生的可持续发展。

将信息技术与高职英语写作教学进行整合，可以丰富教学方法、提高教学效率、改善教学效果。但是，信息技术融入英语写作教学中，不能盲目，只有综合考虑信息技术与英语写作教学的整合点，有目的、有计划、科学合理地将二者进行整合，才能达到信息技术在教学中使用的预期目标。将二者进行整合应遵守以下原则。

1. 以先进的教学理论为基础

无论是多媒体技术的运用，还是网络技术的运用，都是为了提高学生学习的主动性，促进教师教学水平的提高。然而，将信息技术与教学整合，不能凭借教师的主观臆断，也不能仅靠对二者整合的一点了解，就将信息技术直接应用于教学之中。任何事物都具有双面性，信息技术也是如此，将其应用好，可以起到事半功倍的效果，如果应用得不得当，就出现反面效应。因此，信息技术与英语写作教学的整合，必须以先进的教学理论为基础。在这里，所应研究的教学理论有建构主义理论、元认知理论、语言教学理论、二语习得理论等。信息技术在英语写作教学中的运用，只有在深入研究这些理论的基础上进行，才能不偏离教学方

向，取得预期的教学效果。

2. 多样化信息技术的使用

信息技术包括的种类很多，适合应用于教学的技术类型也十分丰富，最常使用的有多媒体教学法、网络技术教学法，还有软件辅助教学法、项目教学法等。教师在将信息技术应用于英语写作教学方法时，不要形成一种固定的教学模式，要善于把多样的信息技术手段有针对性地应用于写作技能教学的不同方面，或是应用于讲解与写作相关的不同知识。例如，利用多媒体进行写作范例的讲解，利用网络技术进行写作类型的讲解，还可以让学生们在网上共同讨论写作技巧、写作难点等。多样化信息技术的使用可以使英语写作教学呈现出不一样的活力，展现出不一样的教学效果。

3. 提高学生的学习主动性

学生学习主动性的提高是高职英语取得教学效果的重要途径，学生没有学习主动性，就很难具有学习兴趣及热情。信息技术的使用目的之一就是提高学生的学习主动性。使用信息技术不但可以增大课堂的信息量，还可以提供丰富多彩的教学内容，从而提高学生的学习主动性。学生的学习主动性是提升学习效果的内因，而内因的激发主要靠外因的刺激，信息技术在写作教学中的运用就是外因。学生只有具有了学习主动性，才会自觉地参与到课堂教学活动中，才会主动地探索问题，寻找问题的解决方案，最终达到获取知识、掌握技能和发展能力的目的。

4. 注重学生的情感培养

英语课程教学是一种语言教学，但是，其教学内容又不局限于语言教学，除了语言基本知识外，教师还可以向学生展现英语国家的一些风土人情，让学生了解一些英语国家的文化，增强学生对英语的认识，使他们体会英语学习的乐趣，收获英语学习之外的一些东西。在英语写作教学的过程中，除了英语文化的传授外，教师还要注意学生在写作过程中的心理动向，要关注学生的情感变化，对于写作能力差的学生要积极地进行鼓励。在英语教学过程中，教师多创设合作的学习机会，让学生体会到团队合作的重要性。

(二) 信息技术与高职英语写作教学整合方案

将信息技术与高职英语写作进行整合要讲究方法、讲究策略。利用信息技术进行教学，可以使课堂教学包容更多的信息量，可以使学生迸发出更强的学习热情，可以提高知识转化为能力的效率。将信息技术与高职英语写作教学进行整合，其实现方案如下。

1. 创设情境

创设情境是教学的第一步，利用信息技术创设教学情境，与传统的教学模式中教学情境的创设相比，更具有生动性、直观性的特点。教师可以利用图片、视频、音频材料构建激发学生学习热情的情境，让学生有身临其境的感觉，使学生的写作灵感油然而生。

2. 共同讨论

教师在指导培养学生具有写作能力时，不要局限学生的写作思路。通过创设情境给定学生写作主题后，学生可以利用网络技术，到网络上寻找各种各样的有关内容，了解写作主题的写作背景，补充教师在创设情境时给出的写作材料的不足。学生在网上找到了相关材料后，教师可以组织学生在网上展开讨论，要求学生用英语发言，这个发言过程本身也是英语写作能力的一种锻炼。

3. 完善写作

学生在获取了一定的写作材料，确定了写作主题后，就可以进行写作了。学生在写作的过程中可能会遇到一些"拦路虎"，例如，有些词想用却不知道怎么写，有些语句想用却不知道语法是否正确，文章的结构是否合理有时也会困扰他们。针对这些问题，教师可以给予适当的指导，也可以发挥信息技术的优势，引导学生上网查找，或是利用网络的讨论功能，鼓励学生上网求助同学，或是其他网民。

最终的作品至少要让学生自己满意，再上交给教师，让教师审阅。

4. 范文讲解

学生完成写作之后，教师要对每一篇文章进行修改。然后，对于较好的文章进行讲解。教师要说出文章好的原因以及词语运用得当、文章结构合理、语法使用无错误的理由，让学生了解什么样的文章才是好文章、英语写作的技巧在哪里。范文在学生的作品中选取，既可以鼓励范文作者的写作信心，也可让更多的学生知道，写作并非想象的那么难，只要努力自己也可以写出好的文章。教师在进行范文讲解时，可以利用课件，也可以进行网络讨论，让学生们共同讨论范文的优点在哪里。教师还可以将学生的好文章存放在一个范文库内，供学生参考，进行自主学习，同时，这样做也可以积累丰富的教学材料。

5. 写作训练点评

从创设情境到范文的讲解，教师要认真总结在这几个环节中学生的表现，分析信息技术的使用对于写作的完成产生了哪些积极的作用、信息技术的使用还存在哪些不足，以及在这几个环节中，学生的综合写作能力是否得到了相应的提高。教师要对教学过程中学生的表现进行点评，重点是肯定学生学习过程中体现出来的进步和提高，以及优秀的学习品质。

信息技术与高职英语写作进行整合，是教育现代化发展的结果，也是教育技术发展的必然趋势。现在只是二者整合的一个开始，将来还会有很多二者整合的尝试来进行与实施。

第七章　高职英语教学评价与教师专业发展的创新

第一节　"互联网+"背景下高职英语教学创新评价

一、高职英语教学评价相关内涵

（一）教学评价的界定

很多人一提到评价，就将其与评估、测试等同起来，其实三者有一定的区别与联系。简单来说，测试为评估与评价提供依据，评估为评价提供数据，评价是对教与学效果的整体评估。三者有着紧密的联系，又有着明显的区别。就关系层面来说，三者体现了一种包含与层级的关系。测试充当其他两者的支撑。在具有包含与层级关系的同时，三者又存在明显的区别，具体表现为如下三个层面：

第一，三者的目标不同。就某一程度来说，测试主要是为了满足家长、学校的需要，因为他们需要知道自己的孩子或学生的情况，且与其他学校是否存在差距。当今社会仍旧以应试为主，因此测试为家长、学校提供了很多信息，也是家长、学校关心的事情。评估主要是为了给教师、学生提供依据，如学习效果、学习中遇到的问题等，有助于教师提高教学的质量，也有助于学生提高自身的学习效率。评价有助于行政部门制定政策，对教学进行合理配置。可见，三者的作用不同，导致开展的范围与采用的方式也有明显的不同。

第二，三者的数据信息不同。测试所收集的数据一般是学生的试卷信息，反映的也是学生的语言水平。从学生的语言运用能力来说，有些部分是无法用测试来评判的。评估可以划分为终结性评估与形成性评估两个部分，前者依据的是测试，后者依据的是教与学的过程，注重学生对任务的完成、概念的理解等层面。当然，其依据更多的是定性分析，而不是定量分析。评价所依据的信息多为问卷、访谈、测试、教师评估等，是定量分析与定性分析的结合，是一种综合性评估。

第三，三者的展示方式不同。测试的展示方式往往是考试，这在前面已经有所论述，最终结果也通过分数排序来展现。而相比之下，评估与评价往往是以鉴定描述或等级划分的方式展现出来。

总之，评价在人们的社会活动中广泛存在。有人认为，"评价是确定课程能否达到既定目标的一种手段"。也有人认为，"评价是运用不同的渠道，对学生的相关资料加以收集，并将这些收集的资料与预定的标准相比较，进而做出判断与决策的过程"。还有人认为，"评价是对相关信息进行收集、综合、分析，从而用这些信息促进课程的发展，对课程的效度、参与者的态度进行评定"。但是，更多的人将评价等同于价值判断。就英语的教与学来说，评价指的是学生是否习得某项能力、教师的教学和学生的学习能否帮助学生实现既定目标的一种判断手段。

（二）教学评价的划分

由于评价的方式、内容等存在明显的差异，因此对评价的划分也有所不同，具体而言可以划分为如下几种。

1. 过程性评价与目标达成评价

所谓过程性评价，即在学习过程中，对学生的学习活动进行评价与判断，目的在于将学生的学习行为能否与学习目的相符解释出来，且用于评判学生能否实现学习目标。评价的内容包含学习策略、阶段性成果、学习方式等。

目标达成评价既可以是对课堂教学目标达成情况的评价，也可以是对单元学习目标达成情况的评价，还可以是对学期教与学目标达成情况的评价，其包含理解类、知识类与应用类三种目标达成评价方式。理解类目标评价方式表现为解释与转化，往往会采用阅读理解、听力理解等方式，或对阅读文本、听力文本进行选择与匹配等。知识类目标评价方式主要表现为对知识掌握情况的评价，并采用再次确认的方式，一般选择填空都属于这类评价方式。应用类目标评价方式即采用输出表达的方法，要求学生根据阅读与听力材料进行转述或表达。

2. 表现性评价与真实性评价

所谓表现性评价，是指让学生通过完成某一项或者某几项任务，将自身所掌握的知识与技能表现出来，从而对其获得的成就进行评价。简单来说，表现性评价就是对学生完成任务的表现情况及获得的成就进行的评价。表现性评价属于一种发展性评价，其核心在于通过学生完成现实的任务，将自身所掌握的知识与技能展现出来，从而促进自身学习的进一步发展。一般来说，表现性评价具有如下六点特征：

（1）属于教学过程的一部分，其要与课程教学相互整合。

（2）其关注的是学生知识与技能的发展，而不是对知识与技能的再次确认与回忆。

（3）一般情境都是真实的，往往需要学生解决在现实学习中遇到的问题。

（4）学生需要完成的任务一般较为复杂，往往需要学生将多个学科的知识与技能相融合。

（5）对于学生的发散性思维是非常鼓励的，也允许不同的学生给出不同的答案。

（6）其是形成性评价与终结性评价的结合。

综合来说，表现性评价有助于对学生的学习过程与学习结果展开更真实、更直接的评价，能够将学生的文字、口头等表达能力以及想象力、应变能力等很好地展示出来，因此对于英语教学是非常适用的。

所谓真实性评价，是指基于真实的语境，对学生的表现进行评价，是要求学生完成真实任务之后，对自身所学知识与技能的掌握与运用情况进行的评价。与表现性评价相比，真实性评价更加强调真实，即任务的真实，一般来说其任务都是人们现实生活中遇到的问题。

真实性评价也具有表现性评价的那些特征，是表现性评价的一大目标。由于真实性评价要求评价成为教学过程的一个重要组成部分，因此，真实性评价也具有形成性评价的特征。同时，真实性评价又注重任务的整体性与情境性，对终结性测试有很大的影响，因此真实性评价又具有了终结性评价的特征。可以说，真实性评价融合了多种评价手段，是多种有效评价手段的结合。

3. 形成性评价与终结性评价

所谓形成性评价，即在教与学的过程中，通过对信息进行收集与整合，进而促进教与学的发展。简单来说，形成性评价即在教学过程中，教师与学生获得反馈信息，对教与学加以改进，让学生真正地掌握知识的系统评价手段。一般来说，形成性评价具有如下五个特点：①往往作为教与学的一部分而在教与学过程中呈现；②不是将等级划分作为目标，而主要将指导、诊断、促进等作为目标；③学生往往充当主体的作用参与其中；④评价的依据是在各个情境下学生的表现；⑤通过有效的反馈，教师确定学生的水平是否达到预期。

形成性评价集过程性评价、真实性评价、过程性评价为一体，因此其对高职英语教学有着广泛的意义，具体总结为如下几点。

（1）改进学生的学习

形成性评价可以将教材中的问题凸显出来，这便于改进学生的学习。教师在批改完了之后，会将试卷返回给学生，学生通过与答案进行比对，从而发现自己学习中存在的问题，并进行改正。

如果教师在评阅时发现很多学生都遇到同一问题，这时候教师可以在课堂上进行讲解，以为大多数学生答疑解惑。

当然，由于面对不同的学生，教师在给出建议时要考虑符合学生的形式，单独进行讲解，这样才能让学生把握和理解。

（2）强化学生的学习

形成性评价有助于强化学生的学习，教师的肯定能够激发学生进一步学习的积极性，从而提升自己的认知与情感。

（3）记录学生的成长

无论学生学习什么内容，都期待自己可以获得进步。同样，在形成性评价中，教师需要根据学生平时的表现来进行评价，无论是每一堂课的表现还是每一个单元的表现，教师应该将这些表现记录下来，从而构建一个成长记录袋或者电子档案，这不仅可以为之后的评价提供依据，还可以为终结性评价提供参考。

所谓终结性评价，是对教师的教学与学生的学习结果的评价，是在教学结束之后，对教与学目标实现程度所进行的评价。因此，其又可以称为"总结性评价"。从定义中可以看出，终结性评价往往出现在教与学结束之后，用于对目标达成情况进行的评价。因此，这一评价方式有时可以等同于目标达成评价。

对于教学而言，终结性评价是一个普遍的评价手段，但是其作用是不可磨灭的，具体表现为如下几点。

①评定学生的学习成绩

在教学中，终结性评价最常见的用途在于评价学生的学习成绩。通过平时测试、期中与期末测试，教师可以了解学生是否有所进步、是否实现既定目标，从而为学生下一步的学习提供建议。

一般来说，终结性评价的总体成绩是平时测试、期中测试、期末测试的综合体。也就是说，在进行评价时，教师应该把这些成绩综合起来评定，最终获得学生的总体成绩与平均成绩。

②确定学生的学习起点

终结性评价的结果可以为学生进一步的学习提供依据，同时能够反映出学生的情感与认知。但是，要想将这一评价发挥出最大作用，还需要结合学生具体的分数，以及教师对学生的评语。这样才能帮助教师做出合理的评价。

③对学生的学习提供反馈

终结性评价大多在某一阶段结束之后或者某一学期结束之后展开。如果其测试的是学生某一阶段的学习情况，那么所选择的试题应该能够反映学生这一阶段的学习情况，这就是说这一阶段的终结性评价可以为学生前一阶段的学习提供反馈，且这种反馈具有鼓励性与积极性，同时还能对前一阶段学习中出现的问题进行纠错。

如果其测试的是学生某一学期结束之后的学习情况，那么所选择的试题应该进行合理的编制，并且对学生的学习情况进行恰当评分。同时，学生可以从自己的测试结果中获取有效信息，从而改进自己的学习情况，了解自己学习中存在的问题以及成功之处。这些信息有助于为下一学期的学习确定目标。

(三) 高职英语教学评价的功能

高职英语教学评价能够不断促进学生在学习过程中的成功与进步，从而使学生能够真正地认识自我，促进他们综合能力的发展。另外，高职英语教学评价能够为教师提供反馈信息，从而不断改进自己的教学情况，提升自身的教学水平。

总体而言，高职英语教学评价有如下几点功能。

1. 导向与促进

英语教学评价应该有助于英语教学目标的实现。我们知道，高职英语教学评价不仅需要评价学生对知识的掌握情况，还需要评价学生的学习态度、发展潜能等，只有通过综合性评价，学生才能在英语学习中保证积极的态度，从而形成有效的学习策略，并且具备跨文化的意识。高职英语教学评价应该为英语教学目标服务，这样就要求学生应该从目标出发，对自己的学习计划加以制订，并不断检验自己的学习方法与学习成果，这样才能将自身的潜力挖掘出来，提升自身的学习效率。因此，高职英语教学评价对于学生来说有着积极的导向作用。

高职英语教学评价会对学生日常学习表现、学生学习中获得的成绩、学生学习的情感与态度等展开评价。通过对学生的激励，可以帮助学生对自己的学习过程加以调度，让他们逐渐获得自信心与成就感，培养学生的合作精神。为了让评价与教学过程有机融合，学校与教师应该采用宽松、开放的评价氛围来评价学习活动与效果，可以建立相应的档案袋等，这样对教师与学生进行鼓励，从而实现评价的多元化。

2. 诊断与鉴定

高职英语教学评价对教与学的情况进行了整体评判。在教学过程中，学生往往会通过评价量表等对教师的教授情况、学生的学习情况展开检测，这样便于学校、教师、学生了解具体的教与学情况，判断学生学习过程中有无偏差，从而找出出现问题的原因，加以改进与提高。

3. 反馈与调节

师生通过问卷访谈等，发现教与学中的优点与不足，对教与学过程中的得失进行评价。通过评价，教师以科学的方式反馈给学生，促进学生产生更为全面与客观的认识，为下一阶段的教与学规划内容与策略，有效地开展教与学活动。

4. 展示与激励

高职英语教学评价对学生的学习过程是非常关注的，让学生认识到自身学习中的成功之处，不断鼓励自己，获得更大的成功。当然，教师还需要适当地提点学生学习中的错误，让他们产生一种焦虑感，从而更加勤奋地参与到英语学习中。这种正反鼓励方式，都会不断提升学生学习的主动性与积极性。

(四)"互联网+"背景下高职英语教学评价的内容

"互联网+"背景下高职英语教学评价的对象是与互联网英语教学相关的所有要素，将这些要素进行归类总结，就能得出"互联网+"背景下的高职英语教学评价的主要内容。传统教育观认为，受教育者、教育者、教育内容、教学手段，也就是学生、教师、课程、教学方法，是组成教学的四个重要因素。根据这一观点，基于"互联网+"的高职英语教学评价的内容具体包含学习者评价、教师评价、课程评价和教学过程评价。这四项内容之间既相互独立又相互联系、相互作用，对其中一个方面进行评价时就会从侧面反映出其他三个方面的情况。

1. 学习者评价

学习者是高职英语教学的主体和中心，对学习者进行评价是高职英语评价的重要内容。

"互联网+"背景下高职英语学习者评价的内容主要可以划分为以下两个方面：第一，对学习过程的评价。包括对学习策略、学习态度、学习动机、学习风格以及学习效果等的评价；第二，对学习结果的评价。"互联网+"背景下高职英语学习者评价，根据教学背景，还需要对学习者的计算机操作能力、网络信息获取能力与分析能力展开必要的分析。

2. 教师评价

由于互联网环境纷繁复杂，因此教师在"互联网+"背景下高职英语教学中的作用愈加凸显。对教师进行评价，也成了"互联网+"背景下高职英语教学的重要内容。

新的互联网环境给教师带来诸多新的挑战，教学中教师的角色也发生了相应的改变。教师不仅是知识的传授者，更是教学的组织者、学生的引导者与合作者。在互联网环境下，教师不仅要掌握一般的教学技能，更要具备熟练驾驭网络教学的能力。所以，对教师的评价不仅包含传统的评价内容，还包括计算机操作能力、对网络教学的组织能力、对网络教学方法的运用等。

3. 课程评价

课程的质量是影响和制约高职英语教学发展的关键因素，所以课程评价也是

"互联网+"背景下高职英语教学评价的重要内容。具体而言，"互联网+"背景下的高职英语教学课程评价主要包含两个方面的内容。

（1）对"互联网+"背景下高职英语教学系统的评价。"互联网+"背景下高职英语教学系统评价具体包括对教学系统的评价、对教学管理系统的评价、对资源库系统的评价、对支持与维护系统的评价。关于对"互联网+"背景下高职英语教学系统的评价可从三个方面进行：课程的界面、课程的兼容性和课程的产品质量。其中，课程的界面评价主要是对互联网课程的导航设置、导航功能以及操作性进行评价。课程的兼容性评价主要是对互联网课程运行所需的环境与条件进行评价。课程的产品质量评价主要是对图形、文本、格式等进行评价。

（2）对"互联网+"背景下高职英语教学设计的评价。具体而言，对"互联网+"背景下高职英语教学设计的评价主要包括教学目标、课程说明、教学目标与教学内容的一致性、教学反馈的设计等。

4. 教学过程评价

教学过程直接影响教师授课效果和学生对知识的吸收效果，因此教学过程评价也是"互联网+"背景下高职英语教学评价的重要内容。具体来说，对教学过程的评价主要是指对教学中所使用的教学方法以及开展的相关教学活动的评价。

为了保障教学评价更加科学与有效，除了需要对上述教学评价的内容进行研究外，还要重视对"互联网+"背景下高职英语教学评价标准、评价方法以及元评价的研究。

其一，任何评价都需要一个科学的尺度作为判断的标准。"互联网+"背景下高职英语教学评价标准设置得是否科学，对评价的结果有着直接的影响。

其二，"互联网+"背景下高职英语教学评价与传统的高职英语教学评价有所区别，这种区别在评价方法上有着显著的体现。那么"互联网+"背景下高职英语教学评价有哪些方法呢？这也是"互联网+"背景下高职英语教学评价值得研究的方面。

其三，简单来讲，元评价就是对评价本身的再评价。其评价结果可靠与否直接受评价方法的恰当性和科学性的影响。元评价可对以上四种评价本身进行判断，对保障评价结果的真实性具有重要意义。

二、"互联网+"背景下高职英语教学评价的创新方法

(一) 网络测试法

在互联网教育背景下中，测试是最基本的方式。一般来说，测试分为网络随堂测试、网络期中测试、网络期末测试三种。

网络随堂测试是指在一节课中对当次课堂教学的知识和技能进行评价的方式。这种评价应该围绕教学目标，对当次课的教学重点和难点进行测验，以检测学生的学习效果。在开始上课时教师还可以组织诊断性评价，对以往学习的知识和技能进行测验，了解学生对原有知识和技能的掌握情况，为本次课的教学提供支持。课堂测验属于形成性评价，为改进教学提供了依据。

网络期中测试通常是在一个学习单元或模块学习结束以后，对整个模块涉及的主要教学目标进行测验。单元测验主要检查学生对整个单元、模块知识和技能的掌握情况。网络期中测试涉及的教学目标比课堂测验多，在进行测验时应该设置对单元、模块知识和技能综合运用的项目，涉及的教学目标类型往往为掌握、分析、综合、评价层次，以检测学生的总体把握情况和对单元知识灵活应用的能力。网络期中测试属于形成性评价，是为改进整个单元、模块的教学服务的。

网络期末测试是对课程的总结性评价，是检查学生学习成就和教师教学效果的重要方式。网络期末测试应该从课程整体目标中的重点、关键点、难点出发，检查学生对基本概念、基本技能、核心知识、主要方法等的掌握情况。网络期末测试可以采用上机测验、作品制作等相结合的方式进行。在评价时可以兼顾学习过程中学生的表现，最后对学生做出总体评价。

(二) 学习档案评价法

学习档案评价法是当前应用较为广泛的评价方法。所谓学习档案评价法，是指对学生个体的各种信息进行收集。一般来说，其收集的内容具有多样性与动态性。

学习档案积累的材料代表的不仅仅是结果，而是学习过程与学习活动，其包含选择学习内容、比较学习过程、进行目标设置等。学习档案评价可以有效提高

学生的自主学习能力。

在档案建立之前，教师可以组织家长与学生阅读学习大纲，理解档案构建的必要性，并对如何构建、使用进行指导，为以后有效地使用档案袋做准备。

（三）自我评价表

自我评价表（Self-Evaluation Questionnaire）的设计可以采用量规（Rubric）方式，也可以采用问卷调查表的形式。

1. 量规

量规是一种结构化的定量评价标准，往往是从与评价目标相关的多个方面详细规定评级指标，具有操作性好、准确性高的特点。

在评价学生的学习时，运用量规可以有效降低评价的主观随意性，可以教师评，也可以让学生自评或同伴互评。如果事先公布量规，还可以对学生学习起到导向作用。此外，让学生学习自己制定量规也是很重要的一个评价方法。

2. 问卷调查

问卷调查是通过提问题，让学生通过自己的实际情况进行判断，并做出回答。问卷调查表可以帮助学生通过回答预先设计好的问题来产生某种感悟，从而促使他们对自己的学习过程和学习结果进行重新审视和修改，提高他们的自主学习能力。

（四）作品集学习评价法

任何评价都需要遵循真实性与可靠性的原则。

真实性主要是要求评价内容与评价形式应体现和反映教学目的，如果评价的真实性高，那么其不仅包含了所有该评价的内容，而且其采用的形式和方法也能够对这些评价的内容做到真正的评价，并且将被评价者所掌握的知识与技能真正地反映出来。因此，真实性是评价需要达到的基本要求。

可靠性是针对评价结果的一致性和连续性来说的，要求某一评价工具在不同地点、不同时间使用时应达到一致的结果，并能够通过具体的数据体现出来。

真实性与可靠性的原则为基于网络多媒体的高职英语评价手段的设计与运用

提供了重要依据。其中作品集文化学习评价法就是真实性与可靠性的最好体现，是一种综合性的评价方法。

当前，作品集评价法已经拓展到多个领域，如阅读、写作、教师培训等。对于中国的教育领域来说，教育者及研究者也认识到这种评价方法的优势。例如，在录取学生时，除了要考虑其高考成绩外，还考虑学生曾经取得的荣誉以及自身的特长。虽然就目前来说，考试成绩仍旧是其决定和主要因素，作品集评价法往往只是作为一种参考，但是这一方法已经成为一种新趋势、新动向，相信在不久的将来这一方法一定会在中国兴起。

作品集评价法实际属于一种形成性评价，即教师与学生以学生在一段时间内按照教师和自己的要求，完成的一系列有序、系统的工作、学习日记、研究报告、测试等为基础，对学生这一段时间所付出的努力、学习的态度、学习的方法、收获的成果进行评价。从评价的依据、目的来说，这一评价方法是一个可靠的、真实的、全面的方法。

作品集评价法有如下七个特点：①以目标为基础；②是学生学习愿望与学习进展情况的反映；③是学生学习项目、代表作品、学习情况、测试记录的汇集；④是学生进步的证明；⑤跨越一个教学时段；⑥便于反思与反馈，有利于提升与改善学生的学习水平；⑦用途广泛，且灵活多变。

作品集评价法的这些优点对于教师和学生而言有着重大意义。

首先，使用作品集评价法，学生的学习态度、学习过程、进步程度、学习深度与广度都能够体现出来，这在标准化笔试中是很难体现出来的。并且，通过对参与评价内容、评价目标的确定，学生对自己的学习任务有一个清晰的把握，就更能督促自己全心全意地完成学习任务，为自己的学习目标努力。可见，作品集评价法有助于调动学生的积极性和主动性，督促学生对自己的学习负责，更好地实现自主学习。

其次，作品集评价法有利于教师对教学任务有一个更好的设计和控制，从而创造出更好的学习气氛。这是因为，教师扫除了自身标准化评价的压力，将更多的注意力集中于教学活动的设计和教学气氛的营造上，有助于构建生动形象的、学生喜欢的课堂环境。

对于网络多媒体环境下的高职英语教学而言，作品集评价法可谓是雪中送炭，因为它帮助当前的高职英语教学评价走出了困境，与其称其为一种方法，更不如称之为一种新思路、新观念。那么，在基于网络多媒体的高职英语教学中，如何实施作品集文化学习评价法呢？可以从学期开始、学期中间、学期结束三个角度来考虑，其中包含多个步骤。①学期开始，确定作品集内容；确定作品形式；确定评价的标准；确定时间计划。②学期中间，学生按照计划完成学习任务；教师对学生予以指导；教师与学生进行面谈。③学期结束，教师将电子评价表发给学生，让学生进行自评；交换作品集，学生间进行互评；教师对作品集进行终评。

下面就对这些步骤逐一说明。

1. 确定作品集的内容

作品集的内容就是基于网络多媒体的高职英语教学的内容，自然是英语教学目的的反映。在网络多媒体环境下的高职英语教学中，教学目的包含语言知识、语言技能、文化知识等层面，因此评价所用的作品集应该能够反映出学生为了实现这些目的而付出的努力、增长的知识、增长的能力、完成的任务情况等内容。因此，作品集的内容主要取决于教学目的、教师、学生等因素。

2. 确定作品的形式

证明学生学习过程、学习效果的形式有很多，除了传统的标准化测试之外，调研报告、学习日记、学习档案袋、学习成果展示、团队合作项目等也是比较好的形式。这些形式可以是口头的，也可以是书面的；可以是实物的，也可以是声像的；可以是历时的，也可以是现时的；可以是探索性的、实验性的，也可以是描述性的等。评价内容不同，其采用的评价形式也不一样。例如，要想评价学生的跨文化交际能力，观察描写法、角色扮演法就是最好的方法。

另外，作品的形式还取决于教师与学生对不同评价形式的熟悉程度。当然，教师应该对学生进行指导和培训，尽可能地使用更多不同的形式。

3. 确定评价的标准

传统的标准化测试的最大优点在于有明确的标准，易于评价，而其他非定量的测试往往具有较强的主观性，很难保证可靠性。虽然有这些问题，但近年来随着口语测试、写作测试研究的深入，针对非标准化测试、非客观测试的可靠性已经开发出了一些好的评价标准。这些评价标准往往是针对知识、态度、能力等评价项目，根据不同学生不同等级的表现来进行描述，可能是优秀、可能是很好、可能是一般，也可能是差。

4. 确定时间计划

与传统高职英语评价方式不同，作品集学习评价法是从学期开始延续到学期结束，其主要包括很多内容与形式，因此在学期开始之前，教师应该让学生确定整个计划。学生在与教师确定各个项目的标准、形式、时间的过程中，自然而然地就成了学习评价的参与者，他们不仅清楚自己的学习任务，而且由于自己之前已经参与到制定标准与计划中，因此在执行的时候也比较轻松和主动，积极性较高。

5. 学生按照计划完成学习任务

评价活动不仅仅是在课内进行，也有很多是在课外进行的。诸如介绍、演讲等往往是在课堂上进行，而课外阅读、课外听力、学习日记和写作练习等往往是在课外进行的。但是，无论是在课内进行的评价，还是在课外进行的评价，学生都需要按照一定的时间计划来逐一进行。

6. 教师对学生予以指导

虽然评价内容、评价形式、评价标准、时间计划等都已经得到了确定，但是教师不能完全撒手不管，任由学生独立完成。由于每一个评价项目都包含英语知识与技能的评价要点，因此教师需要教授和引导学生弄清楚每项学习任务的目的与意义，并且对评价标准予以重申。只有在这样的指导下，学生才能把握住基于网络多媒体的高职英语学习的要点，掌握英语学习的技巧和方法，按时完成学习任务，更好地实现英语教学的目标。

7. 教师与学生进行面谈

当学生在执行任务时，教师还可以和学生进行面谈，了解学生任务的进展情况，并回答学生在执行任务时所遇到的问题。这样才与因材施教原则相符合。当学生与教师进行单独交谈时，往往可以畅所欲言，向教师真诚地表达自己的学习困难和学习体会。同时，通过这样的交流，教师也可以了解学生的学习境况，指出学生学习中的缺点和不足，并帮助学生解决学习任务中的问题。

另外，这样的交流也可以拉近教师与学生间的关系，使学生不再惧怕教师，而是愿意与教师亲近。在基于网络多媒体的高职英语教学中使用作品集学习评价法，学生的最终成绩是根据整个学期学生完成的各项学习任务来评定的，如果在这之中教师能够与学生多进行几次面谈，并给予学生足够的鼓励和建议，那么总会比什么也不做好，而且这样体现出这是教师与学生共同的成果。

8. 根据评价表，学生进行自评

当学期结束之后，所有学习任务的作品集已经完成，这时候教师需要将评价表发给学生，让学生根据自己的学习情况、任务完成情况及任务过程中的表现进行评价。

通过学生的自评，不仅有利于让学生回顾自己的学习过程和所取得的成绩，并进行反思，还有利于学生发现自身的不足，明确自身以后努力的方向。

9. 交换作品集，学生间互评

网络多媒体环境下的高职英语教学更加推崇学生与学生间的相互学习。通过阅读和学习其他同学的作品集，学生不仅可以了解他人的学习情况以及取得的成就，也可以反思自己的不足，从而做到取长补短。

另外，在对他人的作品集进行评价时，学生必然会对评价标准进行斟酌，力求给出一个公正、客观的成绩，这也就构成了学生再学习的机会。

10. 教师对作品集进行终评

事实上，在整个学期中，教师都在对学生的英语学习进行评价，因为每次作品、学习活动，教师都需要进行批阅和评价。而学期结束之后的评价，是教师对学生之前的情况的综合评价，是在参考学生自评、同学评价的基础上进行的最终评价。

综上所述，作品集学习评价法是一个人性化、用途广泛的评价方法，符合以学生为中心的理念，适用于学生英语学习的各个阶段。

第二节 "互联网+"背景下高职英语教师的专业发展

一、高职英语教师专业发展相关内涵解析

(一) 教师专业化和教师专业发展

要正确理解教师专业化的深层内涵，首先要区分"职业"和"专业"这两个相关概念。

1."职业"和"专业"的区别

所谓职业，泛指用以谋生、有金钱酬劳的工作。关于什么是专业，各位学者的观点未达成一致。教育界学者认为，专业是通过特殊的教育或训练掌握了业经证实的认识，具有一定的基础理论的特殊技能，从而按照来自特定的大多数公民自发表达出的具体要求，从事具体的服务、工作，借以为全社会利益效力的职业。

①专业是指一群人从事的一种需要专门技术以及特殊智力的职业，目的在于提供专门性的社会服务。

②专业是一种有可验证的理论基础、科学研究的行业，并且能在理论分析与科学验证中积累知识来促进这个行业的活动。

总体而言，专业是具备高度的专门职能及相关特性的，其主要特点为：专业本身具有发展性；经过严格的专业选拔与有效的专业训练；专业人员具有系统而全面的专业理论和实践知识基础；专业人员具有较高水平的专业判断和决策能力。

2. 专业化和教师专业化

所谓专业化，既指某一专业人员达到该专业标准的动态发展过程，也指其成长为专业人员的静态发展结果。

教师专业化也应该从动态和静态两个方面来理解。从动态的角度来说，教师

专业化主要是指教师在严格的专业训练和自身学习的基础上，逐渐成长为一名专业人员的发展过程。这一发展过程的实现需要教师自身努力以及良好外部环境的创设，这两方面因素相互促进、缺一不可。从静态的角度来讲，教师专业化是指教师职业真正成为一个专业、教师成为专业人员并得到社会承认这一发展结果。"专业化"将成为未来教师发展的努力方向。

从广义来讲，教师专业化的标准主要包括教师自身素质与客观环境两大方面。

其中，教师自身素质的发展是教师专业化标准的核心，它主要包括以下三方面：具有专业责任感和服务精神；受过较长时间的专门训练，具有较强的专业基础；具备教育实践能力，包括教育活动组织能力、教育性反应意识、教育监控能力，对儿童的指导能力、和谐师生关系、支持性同伴关系和家园关系等的创设。

良好客观环境的创设也是教师专业化标准的重要方面，如创建完善的教师职前培训体系；提供多途径、多形式的教师在职进修机会；为教师提供参与研究的机会，鼓励其积极参与科研；建立教师专业团体；制定严格的教师选拔和任用制度；提高教师的经济和社会地位等。

3. 教师专业化与教师专业发展的关系

关于"教师专业发展"与"教师专业化"的关系存在着三种不同的观点。

第一种观点将"教师专业发展"等同于"教师专业化"。

第二种观点认为，教师专业化和教师专业化发展不是同一概念。教师专业化是指教师职业专业化的过程；教师专业发展则是指教师个体由不成熟逐渐成长为成熟的专家型教师的过程。

第三种观点认为，"教师专业化"包含"教师专业发展"。该观点将专业化划为两个维度：地位的改善与实践的改进。前者作为满足一个专业性职业的制度；后者作为通过改善实践者的知识和能力来改进所提供服务的质量的过程。

从广义的角度来讲，"教师专业化"与"教师专业发展"均指加强教师专业性的过程。

从狭义的角度来看，"教师专业化"更多的是从社会学角度考虑的，主要强调教师群体的、外在的专业性提升；"教师专业发展"更多的是从教育学维度界定的，主要指教师个体的、内在的专业化提高。除此之外，这两个概念还有一个区别，即教师专业化体现的是一种教育思想、教育制度、教育改革运动；而教师专业发展包含的是一个教师的成长过程。

教师专业化和教师专业发展相互区别，但也相辅相成。教师专业化制度的建立及教师专业化运动的发展为教师专业发展提供了保证，只有教师职业更加专门化，才能使教师专业发展得到更大的提高。而教师专业水平的提高，也会更有力地支持和推进教师专业化。

（二）高职英语教师专业发展的现实意义

世界在不断向前发展，再加上中国坚持改革开放的政策，因此需要大量的复合型、国际性、综合性的英语人才。而培养这类人才的重任就落在了英语教师的身上。英语教师只有不断提升自己、不断学习，才能保证知识足够、理念新鲜、方法灵活。

首先，英语教师身份的教、学、研三重性决定了教师工作是十分复杂的。在教、学、研不断动态发展的过程中，教与学应该相长，用教学带动研究，以研究促进学习。另外，英语教师自身角色的三重性也要求教师应该树立正确的学习观，掌握科学的英语教学方法和策略，学习与时俱进的英语教学论，具备积极的科研功底与态度。由于英语教师教育具有动态发展的特点，同时还具有长期性，因此教师的专业化要求也是不断持续发展的，它会贯穿于教师的整个教育生涯。

其次，教师这一职业还具有社会性，它与社会的发展有着密切的关系。社会发展是日新月异的，科技在迅猛发展，社会上新理念、新思潮不断涌现出来，这也要求教师教育应不断发展。

最后，英语具有独特的学科特点，这就需要教师应该放眼世界、胸怀国家，从世界的视角来看待英语教育。尤其是当今的学生有着鲜明的发展性与时代性，这就导致教师以往的"一师一法"是行不通的，必须寻求进步与改变。

上述这些方面都要求教师要扩大知识面、接受专业化教育、提高自身专业化素质与水平。总之，高职英语教师专业发展是必要的，应予以重视。

二、"互联网+"背景下高职英语教师的素质

(一) 高职英语教师的素质

高职英语教师素质的内涵可以涉及如下几个层面。

1. 职业理想

教师的职业理想是教师从事教学工作的兴趣与动机的体现，是其献身于教学工作的原动力。在高职英语教学中，教师的职业理想表现为积极性、事业心、责任感，高职英语教师具备的崇高的职业理想，是他们开展高职英语教学活动的有利层面。

2. 知识水平

教师所具备的知识水平是教师开展教学工作的前提。从功能角度出发，教师的知识结构划分为四大部分：本体性知识、文化知识、实践知识、条件性知识。

教师的本体性知识是教师特有的知识，如英语语言知识，这是为人们普遍知晓的。这一知识与舒尔曼的学科知识基本等同。一个人最佳的知识结构就是自己所从事职业的知识，这是获取良好教学效果的保证。学生的年级越高，教师的威信越取决于自身的本体性知识。但是，具备本体性知识只是教师教学的基本保证，但不是唯一的，即还需要具备其他层面的知识。

教师的文化知识对于教师教育效果而言有着重要意义，其与教师的本体性只是有着同等重要的作用。

教师的实践知识是指教师在具体的课堂中，面临有目的的行为所具有的课堂情境知识或相关知识。这种知识是教师经验的积累。教师的教学与研究人员的科研活动不同，具有情境性，且在这些情境之中，教师的知识主要是从个体实践而来的。同时，实践知识会受到一个人经历的影响和制约，这些经历有人的打算、人的目的、人类经验的积累等。这种知识的表达有着丰富的细节，并且以个体化语言来呈现。

教师的条件性知识是一个教师取得教学成功的保证。一般来说，教师的条件性知识可以划分为三种：学生的身心发展知识、学生成绩评估知识、教与学知识。

3. 教育观念

教师的教育观念是他们在教学活动中形成的对教育现象的主体性认知，是从自身的心理背景出发进行的认知。一般来说，教育观念包含知识观、教育观、学习观、学生观等。

4. 监控能力

教师的监控能力指的是他们为了保证教学能够顺利实现预期目标，在教学过程中对其进行主动计划、检查与反馈等。具体来说，包括对课前教学的设计、对课堂进行管理与指导、对课堂信息进行反馈。事实上，教学监控能力是教师对其认知的调节与控制，是教师思维反省与反思的体现。

5. 教学策略与行为

教师的教学策略与行为是教师为了实现教学目标，从学生的特点出发，采用各种教学手段展开因材施教。在高职英语教学中，教师的教学策略与教学行为是教师根据不同学生的学习风格与水平差异，创造符合学生风格的课件，采用网络多媒体技术，将自身的教育思想与学生容易接受的方式完美地进行融合。

(二)"互联网+"背景下高职英语教师的素质要求

1. 解读多元文化的能力

在跨文化背景下，教师需要具备对多元文化进行正确解读的能力，具体而言表现为如下三点：

（1）多元文化是一种历史事实

不同的文化具有差异性与多样性，这是人类文化从诞生开始所体现出来的一种客观存在。就历史角度而言，多元文化的差异性与多样性是一个不争的事实。就宏观的世界历史而言，早期有古希腊文化，中国有春秋战国文化、隋唐文化、明清文化等。这些都可以说明，历史时期不同，文化自然也不同。因此，多元文化是一种历史事实，指的是在一个地域、社会、区域等特定存在的、相互关联的却又具有独立文化特征的几种文化。

（2）多元文化是一种政治诉求

多元文化不仅是一种事实存在，还是一种价值存在，是人们在文化上所秉持观念的展现。多元文化源自不同族群在争取平等的经济、文化权益斗争的结果，是一种对经济、文化等平等的追求。多元文化不仅仅限于文化层面，而是包含了不同民族、不同族群的经济、社会等多种概念。

（3）多元文化是一种思维方式

就哲学意义而言，多元文化体现的是一种思维方式，对多元文化的理解就是对多元文化差异性、多样性的承认，并要认识到所有文化都应该是平等的，彼此之间会产生直接或者间接的影响。与之相对的认识就是对客观世界的认识，人们对其认识不应该从单一的角度出发，而应该从多个视角来认识和理解。多元文化这一思维方式打破了传统的一元的思维方式。

因此，多元文化不仅是一种历史事实、政治诉求，还是一种思维方式。教师应该对多元文化进行正确的解读，从多样的视角对不同文化予以尊重、学习与理解，不能毫无保留地全盘接受社会主流文化，对其他文化全盘否决，应该批判地看待不同文化。因此，教师在对多元文化的解读中，应该持有平等、公正、多元的理念。

2. 以学生为中心的教学意识

在传统的高职英语教学模式中，教师在课堂上占据绝对的主体地位，他们是教学活动的掌控者、组织者，学生是被动的参与者。在这样的教学过程中，教师也不会意识到不同学生是存在差异的。即便教师注意到了这一点，大多数教师也会忽略。

实际上，在高职英语课堂中，所有的学生形成一个多元文化语境，他们来自不同的地区，具有不同的成长背景，这就使得他们有着不同的接受能力、不同的思维方式等。如果教师对所有学生都一视同仁，那么必然会削弱学生学习的积极性与主动性，也势必会导致教学效果不佳。

在跨文化教育背景下，教师应该"以学生为中心"，教师自身的角色也应该发生改变，从原本对课堂的控制者转变为对学生英语学习的辅助者，同时对待每一位学生都应该持有平等、公平的姿态。教师要认识到不同学生的文化差异与多样性，对不同的学生采用不同的方法，使学生成为教学的主体，展现自身的个性，从而更好地在多元的环境中习得英语这门语言。

3. 信息化时代下的信息素质

随着科技的日益进步，人们逐渐意识到：人才的高素质是一个国家、一个民族最大的竞争力。在所有素质中，信息素质是一个最不可忽视的方面。因此，各国教育界都特别注重对个人信息素质的培养，很多国家从小就抓学生信息素质教育。对于在职的高职教师而言，信息素质教育根本就没得到应有的重视，甚至有的教师都不知道信息素质的含义。

三、"互联网+"背景下高职英语教师专业发展的创新路径

(一) 提升专业能力

教师要想在跨文化教育背景下提升自身的跨文化意识，首先就需要提升自身的专业能力。具体来说，可以从如下几点着手。

1. 专业引领

当前，我国的高职英语教学在不断革新，先进的理念需要有骨干、研究者的带领，才能促进自身的专业发展。一般来说，教学专家、资深教师等都可以起到专业引领的作用。普通高职英语教师要向他们学习，接触先进的思想与经验，从而推动自身的专业化发展。

（1）专业引领的要求

其一，要发挥专家与普通高职英语教师之间的能动性与积极性。不同的引领人员，所侧重的层面也必然不同。科研专家对教学理论非常注重，因此其在引领上更注重理论与实践的结合。骨干教师注重教学实践，因此其在引领上更注重具体操作。但是无论是哪一种引领，他们都需要较高的引领能力，既能够在理论上进行指导，还能够在具体操作中提供建议。对于普通的高职英语教师而言，他们应该配合专家与骨干教师，对他们给予的建议要认真听取，并择优采纳，从而分析与总结自身的教学问题，对自己的教学活动进行反思，提升自身的专业素质。

其二，高职英语教师要保证内容、目标等的正确，采用的方法要恰当。高职英语教师专业发展的总目标在于让他们能够对新知识、新信息予以把握，并且能够在这些新知识、新信息的基础上提升自身的专业素质。不同的高职英语教师存

在着个体的差异，因此在专业发展、水平上也必然不同。因此在进行专业引领时，需要考虑不同教师的具体情况，为不同的教师制定与他们相符的方法，从而实现专业引领的合理性与有效性。

（2）专业引领与高职英语教师专业能力发展

从上述分析可知，专业引领对于高职英语教师专业能力发展非常重要，具体而言可以从如下几个层面着眼。

其一，阐述教学理念。高职英语教师的教学行为往往会受到教学理念的影响，因此在专业引领中，专家、骨干教师等应该尽可能引导普通的高职英语教师熟悉与掌握教学理念，可以采用讲座或者报告等形式。

其二，共同拟订教学方案。当普通的高职英语教师掌握先进的理念之后，专家、骨干教师应该与普通的高职英语教师共同探讨先进的教学方案。在这一过程中，专家、骨干教师不仅是引领者，还需要对普通的高职英语教师的教学设计提出建议、给予指导，从而让普通的高职英语教师的教学设计更为完善。在专家、骨干教师等的引领下，普通的高职英语教师能够顺利地制订出与教学理念相符的教学方案，并将这一方案付诸实践。

其三，指导教学实践尝试。当制订完教学方案之后，就需要将其付诸实践，从而对教学方案进行验证。在验证时，专家、骨干教师应该参与其中，对教师的教学行为进行记录，从而与具体的方案进行对比，找出差距。在教师结束课堂之后，专家、骨干教师与普通的高职英语教师进行分析与探讨，对教学方案进行修订，从而使方案更完善、更切合实际。

2. 课堂观察

所谓课堂观察，是指通过有计划地观察，对课堂的运行情况以及一些细节进行分析与记录，从而改进教师的课堂教学与学生的学习。

与一般的观察相比，课堂观察要求观察者有明确的目的，并借助观察表、录像设备等手段，直接或间接从课堂收集资料，并对收集的资料进行研究与分析。

（1）课堂观察的步骤

课堂观察一般分为如下三个步骤：

在课堂观察之前，首先，要对解决的问题予以明确，保证观察的针对性；其次，要根据相关问题对规划予以制订。一般来说，规划的内容包含时间、地点、方式、课次等。如果条件允许，可从具体的要求出发，对观察者进行专门的培训。

在课堂观察过程中，就要采用一定的技术手段，从课堂观察之前制定的观察要点与观察量表出发，选择恰当的观察角度与位置，进入观察状态，通过采用不同的记录手段，在技术层面将定性与定量方法相结合。在观察过程中，还需要对典型的行为进行记录，尤其是记录下实际情况与自己的思考。

课堂观察结束后，要对记录的资料、收集的材料进行分析与整理。课堂记录的资料分为两种：一种是定量性质的，一种是定性性质的。这两种资料所采用的分析手段不同，但是目的却是相同的，即通过系统地分析，对课堂行为间的关系进行了解与把握，解决课堂中存在的实际问题。通过分析与整理，所有参与者最终探讨相关的解决方案。

（2）课堂观察与高职英语教师专业能力发展

课堂观察对于高职英语教师的专业发展有着重要的意义，具体而言表现为如下两点：

①课堂观察有助于教师专业发展的实践反思。基于课堂观察的自我反思是教师在教学中做出的并能够产生结果的分析与审视。在反思的过程中，教师将自己视作有见解、有理想、有决策能力的人。这样，教师就会对教学行为、教学计划等进行分析与自评。反思能力的养成是确保教师继续学习的基本条件。在反思中，教师对自己的专业视野加以拓宽，将自己追求超越的动机激发出来。同时，这种观察不仅有助于对自己的教学实践与教学行为加以改进，还有助于不断提升自身的教学水平与教学质量，促进自身的成长。

课堂观察使得教师对课堂生活进行真正的认识，也有助于不断激发教师的自我发现、自我设计。通过自己与同事的观察，教师能够不断提升对自我的认识，不断增强自信心与责任感，由此促进教师批判地、系统地分析自己的教学行为与教学水平，发展自己的判断能力，使自己与其他同行之间相互反省与通力合作，解决教学中存在的现实问题，并通过课堂观察，对自己的教学不足加以改进，提升自身的教学水平与教学质量。

②课堂观察有助于加强教师对课堂的驾驭能力。教师对于教师内发生的教学管理、教学行为等，只有进行全面的、系统的观察，才能真正地将课堂中的各种

行为记录在内心，保证课程能够顺利地开展，并获得口头的或者书面的评价资料等。因此，对于教师来说，课堂观察是理解与解释课堂事件背后的意义最为直接的方法，对于教师理解与把握课堂行为，有着极其重要的作用与较高的价值。

教师要想对自己课堂上的表现与行为有着清楚的认识，必须进行课堂观察，通过课堂观察、课堂行为的分析，教师能够获得更为详细、更多的与自己与学生相关的反馈。在观察中，教师能够发现自己或者其他教师的问题，让自己清楚地认知自己的教学行为。

另外，在课堂观察之后，教师能够与其他教师进行交流与探讨，对自己的教学行为进行反思，对自己的教学行为加以改进，找寻恰当的教学策略，从而积极、主动地改进教学中存在的问题。

总之，课堂观察有助于教师对自己的课堂行为、课堂观念有清楚的认识，进而对自己的教学进行自我评价，从而激发自身对专业发展的积极性与兴趣。

（二）提高专业意识

所谓教师的专业发展意识，指的是教师按照教师专业化的要求，对自己专业发展过程、目前专业发展状态、未来专业发展规划的系统化、理论化的认识。教师的专业意识是在教师的自我意识、职业认同、动机的基础上产生与呈现的，其对于教师素质与能力的拓展起着重要的规划与导向作用。

要想提高高职英语教师的专业意识，首先就要掌握一定的方式、方法和策略，这是信息化教学能力培养的中观层面。在这一层面中，高职英语教师的职前培养、教学实践、在职培训、协作交流、自主学习等是最为主要的几个方面。

1. 进行职前和在职培养

高职英语教师信息化教学能力的发展是一个系统的过程，进行职前与在职培训是高职英语教师信息化教学能力发展的重要促进环节，两者是紧密结合的。通过职前培训，可以使高职英语教师系统掌握信息化教学技术的知识和能力，为下一步高职英语教师在高职英语教学过程中运用信息技术打下坚实的基础。通过在职培训，可以让高职英语教师及时学习最新的信息化教学技术，并可以与更多的高职英语教师进行沟通交流，从而提高自己的信息化教学能力。

2. 传统方式与网络方式相结合

在当今高职英语教学中，利用信息化技术进行高职英语教学时，也不要忽略了传统的高职英语教学方式，要将传统的教学方式与网络方式结合起来进行，教师在教学过程中要不断地与学生进行面对面的交流，不断提高自己的信息化教学能力。随着信息技术的不断发展，人们获取信息资源的渠道逐渐多元化，无论是知识的获取，还是教学经验的分享等都可以通过网络来进行。因此，将传统方式和网络方式结合起来能极大地提高高职英语教师的教学能力，从而促进高职英语教学质量的提升。

3. 自主学习与合作交流相结合

在信息技术教学背景下，高职英语教师要想具备一定的信息化教学能力，就需要不断地学习和提高，以适应不断发展和变化着的学校教育。在平时的工作中，高职英语教师可以通过自主学习掌握基本的信息化技术手段，与其他的高职英语教师进行沟通与合作，多参加一些与信息化教学有关的研讨课等，逐步提升自己的信息化教学能力。在面对面协作交流的过程中，要注重提高虚拟的、跨时空的协作交流能力。这对于高职英语教师掌握信息化技术，提高高职英语教学水平具有非常大的帮助。

4. 技术知识与实践应用相结合

信息化技术知识与能力主要是高职英语教师通过职前培训得到的，但需要注意的是，光掌握信息化技术知识还远远不够，还要具备一定的技术知识与实践应用相结合的能力。通过信息技术的培训，高职英语教师可以在学习中体验和模仿，强化对信息技术知识的实践应用。只有将技术知识与实践应用充分结合起来才能实现既定的学习目标。

信息化教学的技术手段有很多，作为一名高职英语教师，一定要学习和掌握基本的教学技术软件，尤其是对于一些年龄较大、不易接受新鲜事物的高职英语教师而言。在平时的信息化教学中，PPT 演示文稿、多媒体教学软件等都是最为常用的技术，高职英语教师还要利用计算机搜集和掌握一些教学素材，不断提高自己的多媒体技术能力，从而不断提高自己的信息化教学能力。

随着现代信息化技术的不断发展，网络上出现了各种培训课程，其中有关网络技术的培训课程也是相当多的，这一部分课程既有免费的也有付费的，通常都有着较强的专业性。作为一名英语教师，尤其是信息化技术教学水平较差的教师，可以多参加一些网络技术课程的学习，从而提升自己的信息化教学能力。

（三）促进自主发展

1. 教学反思

教师的反思被认为是提高教师素养的核心因素，教师反思是立足于自我批判与自我观察的，从而自己发现教学中的不足，改革自身教学的不良行为。同时，通过科学地、系统地分析和研究这些问题来提高教育品质、教学质量和自身素养。下面重点对教学反思的内容与形式来加以分析。

（1）教学反思的内容

教学反思主要是对教学理念、教学角色、教学方法以及教学效果进行反思。

①反思教学理念

首先要反思教学理念。理论是行为的先导，成熟理论指导下的教学活动有助于预期效果的达成。高职英语教师应该反思自己的教学理念，用先进的理论武装自己，根据多元社会的要求转变教育理念，从而从思想上为自己的角色转换排除障碍。

②反思教学角色

教师是教学活动的主导者，因此教师要做好课前、课中以及课后的教学管理工作。高职英语教师应该突出学生的主体地位，培养学生的英语综合运用能力，同时培养学生的自主学习观念，才能帮助学生确立正确的目标，激发学生学习的动力，从而努力提高学生自身的自主学习水平。

③反思教学方法

有先进的教学理念做指导，如何在英语教学中展现出来，就需要教师对自己的教学方法进行反思。作为课程的设计者、课堂的管理者以及学习的评估者，教师应该对教学方式进行反思和改进。

④反思教学效果

根据教学评估可知，教师的教学效果有好坏之分，如果教学效果好，教师应该对教学效果进行反思，从而总结成功的经验并分享给他人；如果教学效果不好，就更需要反思，主动找出问题的所在，在以后的教学中加以改进。对教学效果进行反思，教师主要可以从以下四个方面进行：

其一，积累丰富的经验，善于发现问题。

其二，对问题进行观察和分析，找出问题存在的根源。

其三，重新审视自己的教学方法和教学策略。

其四，通过实践进行检验，用实践来证明反思的效果。

（2）教学反思的形式

教学反思的形式主要有如下三种：记录教学日志、调查与问卷、建立教学档案袋。

①记录教学日志

在教学结束之后，教师可以将自己对所教的内容、方法等的感受记录下来。教师记录教学日志的过程也是对自己教学思考的过程，同时教学日志可以作为教师日后进行教学反思的材料。

具体而言，教师教学日志的记录可以从以下四个方面来展开：

其一，对教学过程中问题的质询和观察。

其二，对课堂过程中所发生事情的感受。

其三，对教学活动的有意义方面所进行的描述。

其四，需要思考的问题以及解决问题的办法。

记录教学日志的间隔可以因人而异，如可以一天写一次，可以一周写一次，也可以一个月写一次。但是，需要注意的是，教师应坚持记录日志，只有这样才能根据日志来发现自己的教学规律以及组织教学的习惯与方法。

②调查与问卷

教师可以采取调查与问卷的形式来反思教学。教师的调查与问卷可以就教师自己或同事对教学的认识与看法以及学生的学习兴趣、学习态度、学习方法等情况来展开。教师可以参考其他相关书籍中的调查问题或问卷，也可以自己设计一些调查题或问卷。

③建立教学档案袋

教学档案袋是一种质性的评价方式，通过要求教师对一个主题下的相关教学资料进行收集整理和不断的分析、反思，从而达到展现教师能力和促进教师专业发展的目的。以下这些方面都可以作为教学档案袋的内容：

其一，教师自己的教学理念。

其二，教学的重点、难点与教学目标。

其三，教学日志。

其四，教学录像。

其五，教学观摩记录。

其六，课堂教学材料。

其七，学生作业样本。

其八，学生反馈。

建立教学档案袋可以帮助教师对自己的教学进行反思，从而促进自身的发展。

2. 行动研究

在高职英语教学中，教师教学能力的提升要求教师应该成为行动的研究者。高职英语教师要从一些实际的问题出发，改变自己的教学方法，在对问题解决的过程中进行自我评价与监控。通过评价，使得教师对问题的理解能够得到改进和修正。

实施"计划—行动—观察—反思"的行动研究过程，目的是对课程进行改善、对教学实践予以发展。在行动研究的过程中，教师承担的角色有多种多样，如自我反省、自我研究、自我实践等。高职英语教师应在对教学活动侧重的基础上展开行动研究，实现"在教学中研究，在研究中教学"。

在高职英语教学实践的基础上进行行动研究，是有助于教学理论与原理形成的一种应用研究，是教学实践者从自己的课堂教学出发，对教学问题进行解决的一种研究。因此，其对于推进教学改革、提高教学效率而言有着十分重要的现实意义和理论意义。研究对象不同，其开展行动研究的步骤也必然存在差异。但是，通常来说，行动研究的步骤主要包含如下六点：

①对研究需要调查的问题和情境进行确定。一般来说，行动研究有"当我……时，可能会……"这些研究范式。

②对行动研究需要研究的问题加以解释。如果这些问题比较大，那么就可以将其逐渐缩小，采取特殊的收集资料的方法进行阐释。

③对于资料收集的背景方法进行阐释。为了能够对这些问题进行全面的了解，可以采用不同的形式进行收集。

④通过确证模式或发生的主题来分析资料。

⑤资料分析完成之后，开始实施行动策略，并在实践中灵活地运用这些策略，然后在研究的循环圈中考查这些策略是否有效，并不断改进。需要注意的是，教师应对研究所取得成果的模糊性和不确定性做好心理准备。

⑥将研究成果公开发表，并将研究成果呈现给同事和学生。

通常，教学行动研究实施起来比较容易，有助于教师解决教学中的现实问题，提供有价值的实验过程，提高教学效率，使教师与学生享受课堂教学与学习带来的乐趣。

3. 教学日志

日志简单来说就是日记的一种，多指非个人的，一般是记载每天所做的工作。日志通常会对每天所遇到的事和所做的事进行记录，有的兼记对这些事情的感受，有时也可不做记录，直接抒发感情。如今，"日志"一词已被广泛运用到各个领域，如网络领域和教育领域等。在教育领域，日志是记录人记录一天学习、生活及专业发展的载体。

教学日志可以理解为教师积极主动地对自己的教学活动中具有反思和研究价值的经验进行持续而真实的记录和描写，并在此基础上对其进行批判的理解和认识，从而不断更新观念、增长技能，促进自身专业发展的一种手段和方法。这一概念表达更加合理，它指出了教学日志撰写的主动性与连续性。教学日志不仅仅是记录教师的日常教学活动，更是教师通过写教学日志给自己提出一些问题。教学日志的写作过程，就是教师反思自己教学的过程，通过写教学日志，教师可以审视自身工作中的不足，进而提出解决问题的方法。在这一过程中，教师的发展必须根植于自身的教学实践，从中获取丰富的材料，并对其进行加工整理，从而反思构建自己的教育生活。

（1）教学日志的内容

大体来看，教学日志可以包括以下几个方面的内容。

①教学内容

对于教学内容，不同的教师有不同的理解，主要包括教师教什么、如何教、教学计划执行情况等问题。教师可将教学内容的设计，组织安排，教学中临时应变得当的措施，层次清楚、条理分明的板书，以及教学活动中出现的疏漏之处详细地记录下来，以供教学随时参考使用。

②教学理论与教学方法

教学理论是指为了使教学情境更加合理，以便达到教学目标所建立的一套具有处方功能的系统理论，包括某些教学思想方法的渗透与应用过程，教育学、心理学中一些基本原理使用的感触等。在具体的教学中，教师等教育者可将教学理论与自己的教学实践结合起来，从中发现自己教学中的问题。

教学方法则包括教师等教育者对自己教学方法的反思，也包括对学习者学习方法的指导，如目前流行的教学方法适合哪种课型、自己的教法有何创新、哪种教学方法更有利于促进学习者的学习等。

③自我反思

自我反思是教师对自己优点与不足的认识，也是教学日志的重要内容。教师的教学活动中必然有成功之处，也有不足之处，教师在教学中要善于捕捉教学中的灵感闪光点。在具体的教学过程中，师生的思维发展及情感交流的融洽，往往会因为一些偶发事件而产生瞬间灵感，这些"智慧的火花"常常是突然而至的，若不及时利用课后反思去捕捉，便会很快消失。通过撰写日志，可以捕捉、记录在教学过程中产生的灵感、奇思妙想，这样不仅利于未来教学，同时能反思教学中的失败之处及其原因，进而想出补救方法，提出更加切实可行的教学方案。

④学习者情况

学习者的学习情况也是教学日志应包含的重要内容，具体包括以下八个方面：

学习者学到了什么；

学习者在课堂上的反应如何；

学习者对本次课堂内容的理解程度；

学习者学习本课的积极性和主动性；

学习者在课堂上的见解；

学习者课堂纪律情况；

学习者在教学过程中表现出的疑惑之处；

学习者在教学过程中的突发事件。

此外，在学习过程中，学习者会有一些创新的想法和独到的见解，对此教师应给予充分肯定，这样不仅可以鼓励学习者进行自主思考与学习，也能帮助教师从中获得启发，进而反思自己的教学，提高教学水平。

⑤教学评价

教学评价是教学过程中的重要环节，理应成为教学日志的重要内容。具体来说，教学评价包括督导及学习者对课堂教学正面和反面的评价。教学评价为教师提供了一个科学了解自身教学状况的窗口，使其明了自己在教学中存在的不足和今后努力的方向，从而为教师自身的发展提供良好的途径。

（2）教学日志对高职英语教师专业发展的积极影响

①教学日志能促进教师等教育者专业的成长

教学日志能够促使教师养成思考的良好习惯，在思考的过程中，教师形成自我评价，通过自己与自己的对话更清晰地认识了自己及自己的职业，认识自己组织教学的特点，了解最适合自己的教学方式，帮助自己成长。教学日志的撰写过程也是自我反思的过程，没有反思的经验是狭隘的经验，如果教师等教育者仅满足于经验，而不对经验进行反思，那么教学日志的撰写也就失去了其本身的意义。

②教学日志可帮助教师提高自身的教学研究水平

教师作为教学的重要组成要素，常年工作在教学的第一线，大多有着丰富的教学实践经验，这为他们创作科研论文提供了最直接的灵感和素材。高职英语教师可以通过教学日志进行反思，对反思中的重要观念和教学策略进行归纳总结。这样经过长期的积累，就会催生科研成果。可见，教学日志本身就是培养教师等教育者的反思能力，促进教师等教育者专业发展的重要方法。更重要的是，教学日志也是一种研究，是对教师等教育者及对教师等教育者思维习惯、理论水平的研究。总之，通过教学日志的撰写，可有效地提高教师教育者的研究水平，进而可以更好地服务于教学。

③教学日志可促进教师之间的交流与学习

教学日志具有公开性与共享性，如果教师本人愿意，自然也可以拿来和同事、专家共同分享。教学日志可以有广泛的读者，包括领导、专家、同事、家长与学习者等。通过领导和专家的反馈，教师可以了解教学中的优点并继续保持，同时可以得到领导或专家的中肯建议；通过与同事进行交流与分享，可以获得更加丰富的教学技巧，积累教学经验；通过家长的反馈，可以了解自身教学中的不足，努力改进；通过与学习交流，可以更好地了解学习者，在教学过程中做到因材施教。

参考文献

［1］陆艳艳. 产教融合背景下高职专业英语实践教学研究［M］. 青岛：中国海洋大学出版社，2023.

［2］邵韵之. 高职英语教学与翻译研究［M］. 长春：吉林大学出版社，2023.

［3］赵丽. 现代高职英语教学与创新实践［M］. 长春：吉林出版集团股份有限公司，2023.

［4］赵倩倩. 高职英语教学理论与模式创新［M］. 长春：吉林大学出版社，2023.

［5］朱珍. 高职英语教学的模式与方法研究［M］. 长春：吉林出版集团股份有限公司，2023.

［6］郑梅，刘春艳. 跨文化背景下高职英语教育创新理论研究［M］. 长春：吉林出版集团股份有限公司，2023.

［7］邹雯. 基于成果导向的高职英语教学改革研究［M］. 北京：中国原子能出版社，2023.

［8］陈培姗. 高职英语课程教学与思辨能力培养研究［M］. 长春：吉林人民出版社，2023.

［9］袁小利. 高职实用英语综合教程［M］. 重庆：重庆大学出版社，2023.

［10］孙铭阳. 高职英语教学模式改革研究［M］. 长春：吉林出版集团股份有限公司，2022.

［11］马骏. 基于职业能力培养视角的高职英语教学模式研究［M］. 长春：吉林出版集团股份有限公司，2022.

［12］孙瑜. 信息化背景下高职英语教学改革路径创新研究［M］. 延吉：延边大学出版社，2022.

［13］侯晓慧. 高职英语教学的方法研究［M］. 长春：吉林出版集团股份有限公司，2022.

［14］段潇乐. 高职英语教学模式和方法研究［M］. 长春：吉林出版集团股份有

限公司，2022.

[15] 孙晓茜. 高职英语教学理论及实践应用研究［M］. 长春：吉林出版集团股份有限公司，2022.

[16] 陈娟，桂君萍，吴莎. 新发展高职高专英语应用文写作教程［M］. 北京：北京理工大学出版社，2022.

[17] 王娟. 高职英语教学与教师职业能力培养研究［M］. 沈阳：辽宁大学出版社，2021.

[18] 黄华. 大数据背景下高职英语教育教学创新研究［M］. 长春：吉林人民出版社，2021.

[19] 王楠. 高职高专英语快速阅读［M］. 银川：宁夏人民教育出版社，2021.

[20] 李经宁，刘家华. 启航高职英语综合教程［M］. 北京：清华大学出版社，2021.

[21] 程兴亚. 高职英语教育与教学实践［M］. 长春：吉林教育出版社，2021.

[22] 岳春秀，王巍. 高职英语教育与教学创新实践研究［M］. 长春：吉林人民出版社，2021.

[23] 李健民，李丽君. 高职英语行动教学模型的构建与实践研究［M］. 北京：光明日报出版社，2021.

[24] 毛春华. 高职院校商务英语专业课程评价研究［M］. 长沙：湖南师范大学出版社，2021.

[25] 王秋. 高职英语课堂混合式教学研究［M］. 长春：吉林人民出版社，2020.

[26] 赵盛. 高职英语教学方法与改革研究［M］. 长春：吉林人民出版社，2020.

[27] 王九程. 信息化时代高职英语教学研究［M］. 长春：吉林人民出版社，2020.

[28] 资灿. 高职英语教学的发展与创新研究［M］. 成都：西南交通大学出版社，2020.

[29] 吴宝明. 高职英语三教改革理论研究与实践探索［M］. 南京：河海大学出版社，2020.

[30] 于才年. 高职高专公共英语系列综合教程［M］. 天津：天津大学出版社，2020.

［31］曹娟. 教师专业发展与高职公共英语教学模式实践与研究［M］. 南昌：江西科学技术出版社，2020.